新版

心と食物と人相と

谷口雅春

Masaharu Taniguchi

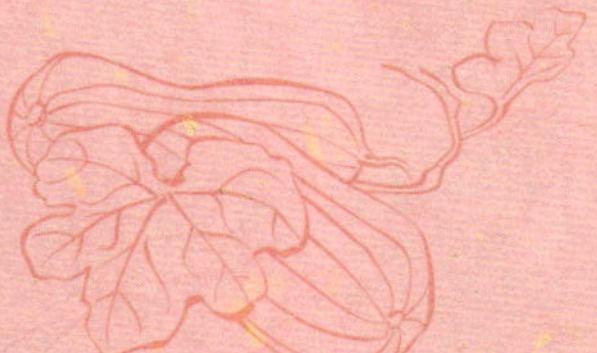

日本教文社

はしがき

近頃、食品添加物の公害や、空気の汚染の公害や、日照権の問題など、わたし達の健康上の問題が熱心にとりあげられ、その解決のための研究が諸方の専門家によって行なわれていることは今後の人類の運命を改善する上に大変よろこばしい事だと思われるのである。しかし普通一般人のうちには食物の陰陽の問題すら知らない人が多いのである。何が陰性の食物であって、何が陽性の食物であるかも知らず、無論、その陰陽の取合せが不調和であれば、単に健康によくないばかりか、性格形成の上にも、人相の変化の上にも、従ってその人の運命形成の上にも、国家の運命の上にも、重大な影響を与えるものだということを知らない人が多いのである。そして、いたずらに生活の便宜上から、時間の節約にもなるし、手間がはぶかれれば好いという訳で、ビニール袋に入ったインスタント食品を、その味さえ好ければ上質の食品だなどと思って三度の食事に間に合せている人もある。こうして食する食品の成分の取合せが出鱈目《でたらめ》であるので、栄養に過不及を生じ、偏《かたよ》りを生じて、いつの間にか寿命を縮めている人もある。そうかと思うと、肉食が優良食品だと思って無暗《むやみ》に美食をして癌や糖尿病や腎臓炎にかかって生命を失う人もある。戦前又は戦中に少なかったこれらの病気が、戦後の食糧が豊富になってから殖えていることに注目しなければならない。

食物の取合せ如何は、健康や寿命の長短に関係があるだけではなく、食する人の心に影響があるのである。昔から「食は心なり」という諺もある。近頃、青年の気風がだんだん乱暴になり、殺伐になり、手製爆弾を仕掛けて、恨みもない唯《ただ》そこに居合せた人や、通りかかった人を殺したり重傷を負わせたりして、しかもそれを罪悪だとも、何とも思っていないらしい青年グループが出て来たりする原因が、〝肉食〟にあるのだということに気がつかないで、動物性蛋白が優良食品だなどと思ってそれを珍重して、たまに食う位ならまだよいけれども、国民に安い獣肉を食わしてやりたいという慈悲心で、海外から獣肉を輸入することを勧めている政治家もある。こうして肉体的には肥満児童という奇型児をこしらえてみたり、精神的にはいろいろの形の奇型性格の国民をつくっていながら、その原因の奥を探れば「食」にあることを知らない人も多いのである。

いろいろの形の奇型性格の中には好戦的人間、列車を停めて人を苦しめて、自分だけ物質的収入が多くなればよいというような利己的人間、ロッキード事件でピーナツの殻ぐらいアメリカから分けて貰って、国家を毒しているような破廉恥人間など、皆、原因の奥を探れば、政府も個人も食物の選択が適正を欠いているところから来ているのである。

そんな事は、食物に関係はないと思う人は、兎《と》も角《かく》、この本を読んで、じっくり考えてほしい。食物によって顔の輪廓の丸さや長さも変るし、眼の形も変るし、硬い歯の形まで変る。このことを事実を挙げて、この本は証明しようとしているのである。こうして食物によって人相が根本的に変ることとは、人相によってその人の性格や行動の傾向や、運命を言いあてることができる以上、如何なる食物を選ぶかは、民族及び人類の運命に関係があるといわなければならないのである。

「平和・平和」と叫びながら、何故人類は、大量殺戮《さつりく》兵器を、競争して製造しつつあるのだろうか。何故、世界の到る所に戦争の叫びが絶えないのだろうか。この現象を、精神分析の大家カール・A・メニンジャー博士は「人類は自己処罰しつつあるのだ」と説明している。何のための自己処罰であるか。それは食用のために、人類は多くの獣類を殺しているからだ。殺した者は〝殺し〟によって報いられなければならない。現在意識は肉食をとることが習慣性になっているので、それを罪悪だとは思わないけれども、潜在意識の奥の奥には、〝良心〟

という仏性があり、神性があり、審判官がある。その〝良心〟が立ちあがって、人類を審判し、人類みずからを自己処罰するために、いろいろの病気をつくったり、大量の自己処罰のためには、戦争という一掃的な死刑執行場をくり広げるのである。

これらの戦争論と平和論とはこの序文だけの読者にはあまりに突飛で奇矯にきこえるかも知れない。しかしこの書を読んで頂けば、この論が正しいことが判って頂けるであろう。食物は〝心〟を変え、人相を変える。そして人間は〝心〟によって行動し、人相を観《み》れば運命が予言できるとすれば、食物の選択如何は人類の運命を変えることが判る筈《はず》である。

しかし、それが判るだけでは救いにはならない。どのようにして自己の今後の運命を正しい方向に向って導いて行ったらよいだろうか。自分の鏡を見て御自分の人相を観て、自分が如何なる人相をしているかを知られるがよい。わたしはこの書の最後の篇に、自己の人相を分析して自分の〝心〟を知り、それを改善する道を『生命の實相』の中から引用して、みずからの観相家となり、如何にして人相にあらわれている自分の欠点を是正すべきかについての助言を述べておいた。この助言が諸君を正しい生活と、〝神の義〟を守る心とに立ち還る何らかの指針となれば幸いである。

昭和五十一年五月十二日

著者しるす

新版　心と食物と人相と――目次

はしがき

第一部　健康と食物と心との関係

◎動物食と植物食について◎

場所の類似から来る食物との調和　17
住んでいる附近に生ずる雑草は健康食　19
化学肥料で栽培した野菜　20
人間はその食べる食物に似てくる　22
肉食をすると歯が肉食獣に似てくる　24
薯類を多食すると思索的な人間になる　25
赤身の魚と皮膚の色との関係　26
宇宙の根本設計としての陽陰調和　27
双塩療法について　28
野菜は鹹《しおから》く煮てたべましょう　30

砂糖を過食することをやめましょう　31
麻酔剤を何故もとめるか　33
妻の手料理が本当の幸福　34
甘味をたべる場合の注意　36
穀物や果実を食べる場合には　37
葉緑素を食べるには　38
ゴマ塩の効果　40
コゲ飯は胃腸の妙薬　41
固い食物ほどよく消化する　42
セリエ博士の驚愕反応説　44

第二部　肉食と平和の問題

◎平和論と殺生食について◎

一切衆生ことごとく仏性あり　47
肉食に蝕《むしば》まれつつある日本人　48
〃平和運動〃と称して戦う彼ら　49
なぜ僧院の修行者は植物食なのか　50
想念の浄化によって生活を浄化せよ　51
肉食生活を続ける限り世界に平和は来らず　52
肉食の功罪について　53
食物は心を左右する　54
肉食は眼の相をも変化する　55
肉食は歯の形を猛獣化する　56
肉食は戦争につながる　57
政府は肉食獣型国民を
　養成することをやめよ　58
狂暴青年は肉食奨励の犠牲だ　59
間違った食生活の指導　60
肉食奨励の結果、小児癌や奇型児を生じた　61
健康のためには獣肉食を避けよ　61
菜食動物と肉食動物との性格の相異　62

◎肉食と殺生の問題◎

一切の罪悪の根元は「殺す」ということ　64
因果の法則は撥無《はつむ》できない　68
心で是認した業は一層ハッキリ循環する　69
懺悔はなぜ必要か　70

子宮癌の治る実例で、
懺悔が業《ごう》の循環を消すことがわかる　72
口先だけの懺悔では効果はない　73
釈尊が許された場合の肉食　74
肉食は人類の悪習慣であって、
栄養の問題ではない　75
植物食の方が平均的に持久力がでる　78
肉食の人相に及ぼす変化から、
性格の変化を類推する　79
現代美人と元禄美人との相異　80
植物も生きているから、
殺して食べるのは残酷だとの説に対して　83
魚を食用にする場合には　87

◎生物互いに相食むことなき世界を求めて◎

中野侑篤君の御質問に答えて　90
医師と宗教　113

◎肉食は子孫にも影響を及ぼす◎

幼時の食習慣の惰力について　118
人工中絶をすると中絶された
子供の霊の怨念が来ることがある　119
肉食は不良食品であって高級食品ではない　124

◎動物を殺さずに生きられるか◎
動物食の問題と〝観〟の転換　126
肉を食べても、食べていない弘法大師　133
泥棒から供養されたらその供養を受けるか　135

第三部　『生長の家』の観相学――人相・体質・相性について――

◎小人形・逆人形による観相法◎
人間の心は人相にあらわれる　149
生れつきの人相はどうして起るか　150
人間の本体と霊体　151
人間の幽体は想念感情の座として、心の通りの形になる　152
ヒポクラテスの四液説　153
顔の輪郭及び鼻を中心としての人相の観方　155
その人の知能は顔の形で観察します　157
顔面の下部は愛欲の強さ及び財福をあらわす　157
顔は人間全体の縮図である　159
「小人形」観相法　160
小鼻の観察法　161
「人中」の観察法　162
口唇のシマリをよくしよう　163
法令の観察法　164

両眉の観察法　165
婦人を観相する場合は「逆人形」で観る　166
婦人の貞操性を見る　166
鼻の観相法　167
眉と親兄弟との関係　168
眼、耳、鼻等の観相法　169
唇の大きさについて　172
唇の厚さについて　173
唇のしまりについて　174
唇の色について　174
口唇の形について　174
上唇と下唇との釣合い　175
口唇の歪みや病気について　176
歯の観相について　177
歯の形と食物について　178
歯は年齢をあらわす　179
眼の観相法―出目《でめ》と奥目《おくめ》―　181
瞳《どう》・睛《せい》・眴《はく》の観方　183
四方白眼《しほうはくがん》　185
上睛三白眼と下睛三白眼と　186
車輪眼　188
再び眼の観相について　189
再び眉の観相について　192

◎家庭をめぐる生活の観相◎

顔面の各部位に関して――
人の人相をどのように観るか　196

◎心によって人相は一変する◎

一見して相手の性格を知るには　231
顔面に於ける知情意の分野　234
知性のみ発達せる人相　235
晩年の愛情豊富の人相　236
現代人の人相と元禄時代の人の人相　240
『生命の實相』を読んで人相が一変した実例　242
悪い方角などは存在しない　248
私の幼少時代　248
住吉大神と生長の家との神縁　251
心が変れば姓名の形も変る　252
夫婦の相性について　253

人相と運命をよくする法

◎配偶の観相学的選び方◎

まず全体の雰囲気を観よ　257
不運に対する牽引　259
初年、中年、晩年の運命はこうして見る　259
皮膚の色沢はどんなのがよいか　261
鼻の形と運命　262
観相法は何のために必要か　264

知情意の判断　266
眉間《みけん》は相学上、天運流入の関門　269
幸福の鍵「自他のため」　273
幸福の鍵「体裁ばらず」　274

展眉膏《てんびこう》の効力　276
寛容の美徳　278
常に朗らかに微笑せよ　281
表現は人生に先行する　282

第一部

健康と食物と心との関係

人間の正しい食物について

　人間を創造し給える神は、その食物として植物性のものを与えられたのであって、動物性のものを「食物として与う」とは「創世記」には書かれていないのである。「創世記」は次のように書いている。

「神いひ給ひけるは、視《み》よ、我れ全地の面《おもて》にある実蓏《たね》のなる諸《すべ》ての草蔬《くさ》と、核《たね》ある木果《このみ》の結《な》る諸《すべ》ての樹とを汝等に与ふ。これは汝らの糧《かて》となるべし」

（「創世記」第一章二九節）

　すなわち、穀類と、野菜類と、果物とを人間の食物として与うということが明記してあるのであって動物を殺して食するなどということは神の御意志ではないのである。

動物食と植物食について

♣場所の類似から来る食物との調和

類をもって集る、類は友を招《よ》ぶというのが心の法則であります。したがって、人間は類に従ってその食物をとることにするのが、法則に合致するのであります。すなわち、類をもって集るという法則で、類であるものはよく吸収し同化するということになるのであります。類を、場所の類似という方面から考えてみますならば、人間は、自分の生れた土地に産する食物を食べるようにすればよいのであります。昆虫は本能によって自分の卵を、その卵が孵化《ふか》して幼虫になったときに、その身辺にある食物をたべればよいところに産卵するのであります。人間も、本来は生れた所から産出する食物をたべることによって、最も適するようになっているのであります。他国産のものや、海外から取寄せた珍しいものは、その人間の生れた場所と、その食物の生れた場所とが、類でないから健康な食物でないということができるのであります。台湾の水牛は内地から送った米藁《こめわら》は食べないで、台湾産の米藁でないとたべないそうでありまして、形は人間からみれば同じでも、鋭敏な本能でみれば成分の異ることがわかるのであります。この点で故桜沢如一《ゆきかず》氏は「身土不二《しんどふに》」説というのを唱えまして、自分の生れた（または住んでいる）土地の何キロメートル以内に産する食物のみをたべるようにするのが、最も健康に適すると言うのであります。これは、ある点では最も正しい食餌《しょくじ》法であって「類を以て集る」という心の法則にかなうのであります。

桜沢如一氏に指導されたある病人などは、何県産の小豆を幾グラム、何県産のゴマを幾グラムというように処方されて、いちいちそれを取寄せて、目方をはかるのに面倒で、それにあまり神経を使いすぎて、かえって神経的に病気を悪くしたと、私に告白されたのでありますす。食餌法または食物衛生は、大体の規準を示すのでありまして、この患者のように、あまりその分量や産地に心を労するようになると、食餌法そのものは正しくとも「心を労する」ことによって心の中にストレス（内部的な力の不均衡《きんこう》。歪《ひず》み）が起り、その結果、かえって病気を増悪することにもなりますから、あまりそれに捉われてはなりません。人間は自主的に正しい食養法を利用するのでありまして、食養法の奴隷《どれい》になるべきではないからであります。

♣住んでいる附近に生ずる雑草は健康食

実際、自分の住んでいる土地から何キロメートル以内の場所にある食物を食べようなどと言いましても、都会に住む人は、そのような近くにめったに畑を見出すことができない場合もあります。したがって、結局、自分の住んでいる土地の附近からは普通、食用にする野菜などもなかなか見つからないのでありますから、桜沢さんは、雑草を採取して来て食べる事を勧めたものであります。それはある意味からは正しいのであります。毒草は別として野の草は、畑に産する草よりも健康であります。それは防虫剤を用いないでも、あまり害虫に蝕《むしば》まれないのでわかります。ちょうど、それは、本当に健康な人間は、病菌や寄生虫におかされない事実とよく似ています。畑で栽培した野菜は、非常にやわらかく、見た目には健康そうであり、また食べて美味しいかもしれませんが、防虫剤を用いなければ害虫にやられるところをみると、やはり健全ではない、何かの養分が欠乏していて、ブクブク太っているのだということができるのであります。

桜沢さんは、こうして野の草を食べることにして、一日のおかず代がほとんどただになるというので、この方法なら高くつく生活費がいらぬし、労働争議も何もいらぬし、いくら働いてもつかれないし、結核菌に冒されないし、癩《らい》病《びょう》患者に触れても、野草を食べている私には断じて感染《うつ》らぬと傲語《ごうご》しておられました。私は桜沢さんが終戦後、海外へ渡航してもう二度と日本へは帰らぬはずであるから一度私に会いたいと言って、夫婦で私宅を訪問して来られたときにお目にかかって、そんな話をきいたのであります。桜沢さんの話によると人間の精神というものは、その摂《と》る食物によって変化するというのであって、それはアルコールやヒロポンの中毒によって、精神が異常になる人もあることを考えれば当然そうあるべきであって、人間が絶対、健全食であるならば、戦争などは地上から姿を消してしまうに違いないのであります。しかしそれは必ずしも単に菜食が健全というわけではありません。野菜にもいろいろの成分があるからです。

♣化学肥料で栽培した野菜

栽培した野菜は、野草よりも不健全であるというのは、硫安等の化学肥料によってその土地が養われ、その土地から吸収すべき、ある種の成分（たとえば鉄、マンガン、カルシューム等のごとき成分）が幾代にもわたって吸収しつくされており、その補給が怠られているからであります。堆肥や馬糞や人糞を用いるならば、いくらか、その土地から植物が吸収した成分を還元するのでありますけれども、糞尿を不衛生であるとして用いず、藁《わら》を藁工品として使って土地に還元しない時は、その土地の成分のうち人体に必要なあるものが欠乏しているので、そこより産した穀類野菜の外見は処女地より産した穀類野菜より、たとい優れていましても本当は栄養物が不足しているのであります。こうして化学肥料いよいよ盛んにして、土地より得られる植物食はその栄養価値が低下しているのであります。だから自然食を食用していた加藤清正時代に着用または佩用《はいよう》した甲冑《かっちゅう》や、太刀《たち》は現代人にはとても重すぎて用いることができないほど、現代人の栄養は低下して体格が悪くなっているのであります。

アメリカでも化学肥料にのみたよって、収穫物を土地に還元しないために、土地の構成成分が不良になり、同一名称の野菜や穀類でも、全然過去のものと現代のものとは栄養価値が異るということが発見され、草原地帯の雑木雑草を農地に大量移入して鋤《す》き込むことに懸命になっている地方もあるとのことであります。

♣人間はその食べる食物に似てくる

「類をもって集る」ということは、その生物の住んでいる周囲に自然に生産する食物を適食とするという場所の類似のほかに、人間はその食べる食物によって、その容貌が変化してくるということであります。肉食をすると肉食動物に似た容貌に、だんだんなってくるということであります。肉食を汚れたる食物として、主として植物食をたべていた時代の日本人の容貌は、たとえば浮世絵に描かれた元禄時代の美人のように、細おもての面長《おもなが》の容貌をしていたのであります。

ところが明治開国以来、外国的な食習慣が輸入されることになりまして、肉食が珍重せられるようになり、さらにそれが日常の食物となってくるにつれまして、日本人の容貌は、近代型のマルポチャ美人が多くなってきたのであります。これはその本人の発育期における食物も関係いたしますけれども、両親の食物も胎児にある遺伝的影響を与えるものであり、代を累《かさ》ねて肉食をすればするほど人間の容貌は丸顔になりやすいのであります。

大体、丸顔というのは、上下の顎骨《あごぼね》の蝶番《ちょうつがい》の支点から、食物を噛みくだく重点（噛みくだくために重味のかかるところ）となる歯までの距離が短いために、顎の寸法が短くなるのであります。この支点から重点までの距離が短ければ短いほど、重点に加わる力が強くなるのでありまして、肉を咬《か》み切ったり、骨を咬みくだいたりする必要がある肉食動物においては、咬みくだく重点に力の入りやすいように、虎やライオンのごとく顎の前方につきでる寸法を短くしてあるのであります。

ところが、草食または穀食動物においては、肉をかみ切ったり、骨を咬みくだいたりする必要はなく、柔かい野菜を咬み切ったり、穀物を咬みくだけばよいのですから、割合、歯にかかる力は軽くてすむのでありますから、歯と蝶番との距離は長く伸びてもさしつかえがないので、自然にその顔が長くなるのであります。したがって、牛や馬や羊のような草食動物は面長な容貌をしているのであります。そしてそのような草食動物の性格は温和であって非戦闘的なのであります。人間でも植物食を主として摂《と》る者はその性格が温和であります。もっとも植物食をとる人間でも動物でも喧嘩や戦争をしないことはありません。しかし、喧嘩や戦争にまで駆り立てられるほどに興奮状態になることは、よほど忍耐をしてからはじまるのが、植物食をする動物の常態であって、いったん戦闘を始めると、その持久力は植物食の動物の方が強いのであり、アメリカのランニングの選手でも、いよいよ競争の日が近づくと摂生をして、あまり肉食はしないのだと言われています。

ともかく、肉食獣は一時的に猛烈な力をだすのではありますが、普段《ふだん》はなまけていて、他のものを突然襲って奪おうとしますが、草食動物は、満遍なく平均に力を出してよく働き、なまけることが少いのであります。人間も食物の種類によって、多少これに類似の性格を帯びるに到るのであります。

♣肉食をすると歯が肉食獣に似てくる

大体、人間が肉食を主にしますと、その歯の形が肉食動物のように尖《とが》ってくるのでありま す。人間の門歯は、だいたい草食動物の門歯と同じでありまして、野菜を嚙み切るためのものでありますから、菜刀《ながたな》の形をしているのでありますが、肉食を多くしていると、犬歯のとなりの門歯や臼歯が、犬歯のように尖ってくるのであります。これなども「類をもって集る」という方面から解釈できるのであります。

♣薯類を多食すると思索的な人間になる

ドイツでは、薯類《いもるい》を多食すると思索的な人間になるという俗説があります。そしてドイツでは穀物の生産が戦前からもズッと少いので、薯類を代用食として多食するので、ドイツ人は思索的性格の持主で、カントやヘーゲルのような立派な哲学者を無数に輩出しているのだという人があります。それは薯類はスジを伝って伸びて薯をつくるので、それは条理を伝って伸びてゆく論理的思索と「類を同じうする」わけで、哲学者的性格の持主が生ずるというのであります。

大体、哲学者の指というものは手相の上からいいますと、手掌が大きく、指は節が太いので、仙人の掌《たなごころ》の形をしているといわれている「やまのいも」(とろろいも)のような形をしているのであります。ところが幼少時代に薯を多食すると、そういう、掌《てのひら》の大きい、指の節の太い人間に成長するものであります。この点、薯類を多食すると、哲学的思索にすぐれた人間になるというドイツの俗説と、哲学者の手掌が大きく指が節《ふし》くれだっているという手相学とが一致してくるのであります。

♣赤身の魚と皮膚の色との関係

赤身の魚を平常からたくさん食うと、皮膚に色素が沈着して、老人になって皮膚に老人性斑痕《はんこん》ができやすいのであります。これは「色素は色素を呼ぶ」という類をもって集るの法則によるのであります。たいてい老人性斑痕が顔の皮膚などにできている人は、酒をのみながら、マグロの刺身を多食した人であります。私のように酒ものまず、マグロの刺身もほとんど食べない者は、八十歳を越えても顔に老人性斑痕がほとんどできないのであります。

もっとも、これは精神の浄化の問題にも関係しているので、老人になるほどジジムサクなったり、ババムサクなったりするのは、その人が老人になればなるほど魂を浄めることに努力せねばならぬことを忘れているからであります。両親または親の一方が、赤身の魚肉（マグロまたは鮭《さけ》等）を毎食または日常のおカズとしてたべている場合には、その頃に妊娠した子供が生長すると、そばかすが顔にできることがあるものであります。シジミ、ノリ、コンブなどはカルシュームを非常に多量に含んでいて、妊婦の食品としては優秀なものでありますが、あまり妊婦が、それらを多食しますと、両親が色の白い人であっても、割合、色の黒い子供が生れることがあります。これは、その食品が黒いため、心に毎日「黒色」を描いて食事をするためであるか、それとも、これらの食品に、黒の色素になるための成分を多量に含んでいるためであるかは、充分研究の上でないと断言できませんが、「類をもって集る」という法則から説明すれば容易に理解されやすいのであります。

♣宇宙の根本設計としての陽陰調和

万物はすべて陽と陰との調和を得た結合によって成立っているのであります。陽と陰との調和がやぶれると、そこに破壊が起るのであります。原子という小さい物質も、まんなかに陽電気をもったエネルギーの中心体（すなわち原子核）があり、その周囲に陰電気をもった電子があります。その中心体になっている原子核が破壊されて、陽と陰とのバランスが破れると原子の崩壊が起って、その原子はこわれてしまうのであります。家庭でも男性（陽）が家長であって、中心座にいまして、家長が死にますと一家離散することになるのであります。太陽系統でも陽が中心座にいまして、陰が、太陽の周囲をめぐるのであります。もし太陽が崩壊してしまえば、地球その他の遊星には生物は存在し得なくなるのであります。

食物にも陽と陰との調和が必要であります。食物の陰陽につき、その調和をとなえはじめたのは、明治時代に陸軍の薬剤官をしていた石塚左玄氏であります。そしてこれをその子息の石塚右玄氏につたえました。石塚式食養法として当時有名なものであったのです。この石塚式食養法を伝えながら、独特のある見解を加えたのが桜沢如一氏でありまして、双塩療法という名をつけて広くこれを宣伝したものであります。

♣双塩療法について

双塩というのは、人間の体液を構成している塩類《えんるい》のうちで、最も著しいものはナトリウム塩とカリ塩とであります。ナトリウム塩は普通食塩といわれているものであります。これは血液中の塩類の中で、最も大量に含まれているものでありまして、もし大量の血液が失われた場合には、一時的応急手段として食塩水を注射することで補われ得ることによってもこれはわかります。食塩はある程度の殺菌力を有していると同じに、生体の新陳代謝を誘導するために必要なものでありまして、食塩の成分がなければ人体では完全な生理作用をいとなむことができないのであります。夏期のように多量の発汗を伴う時期になりますと、汗と共に食塩が多量に排泄せられますから、食塩を多量にとる必要が生じます。

カリ塩は普通アク気《け》といわれているものでありまして、これは食塩の作用を抑制するハタラキをもっていますので、すべて野菜や果物にはアク気の多い野菜類をたべるときには食塩をつけてたべることによって、その陰陽が平衡するのであります。大体、日本人はアク気の多い野菜をたべる時には、「うでる」ということで、アク気の大部分を除いて食用にしたものであります。果物でも野菜でも皮をむいて空気にさらしておくと、すぐ茶色になるようなものはアク気が多いのであります。

大体、塩気の多い食物は、肉体をひきしめるハタラキをもっています。内に引きしめる力が「陽」であります。アク気の多い食物は、肉体をやわらかくする働きをもっております。魚食でも塩気をつよくして煮たり、焼いたりしますと、肉がかたくなります。金目鯛《きんめだい》とか、グチのような肉のやわらかい魚は塩気の強い味噌漬にしておきますと、肉がしまって美味しくたべられます。塩は「内に引きしめる」力をもっているからであります。大豆をせっかく長時間かかってやわらかく煮ましても、最後の味つけに醬油を多量に入れて煮ますと、豆が引きしまって固くなり、表皮が皺《しわ》だらけになるのであります。だから醬油を入れてからはあまり煮ないで、常温で鹹味《かんみ》を吸収させるようにすると、やわらかいままで鹹味《しおあじ》のきいた煮豆ができあがるのであります。

♣野菜は鹹《しおから》く煮てたべましょう

カリ塩は、ものをやわらかく（引きしめると反対）する性質（分子を分散せしめる陰の性質）をもっております。植物の開花または出穂前にカリ肥料をほどこしますと、やわらかい果実や穀物が多くみのるのであります。木灰にはカリの成分が多くふくまれております。それは植物の成分のうち燃えないミネラル（鉱物成分）の中ではカリ成分が最も多いからであります。筍《たけのこ》などの固い部分も、灰のアクをもってゆでると柔かくなるのであります。そこで人体成分を構成しているミネラルのうちで、肉体を固く引きしめる成分（陽）と、分子を分散せしめてやわらかくふくらます成分との陰陽のバランスを得せしめることが、人間を生理的に平衡状態におく、すなわち健康状態にあらしめる一つの方法になるのであります。木灰の成分には食塩成分はほとんど含まれていないで、カリ塩成分のみ多量に含まれていることから考えてみますと、植物食ばかりをとると、どうしても食塩成分がバランスの上から足りないことがわかります。それで、植物食には必ず、塩気で味をつけて食べるか醤油からく煮てたべるのがよいのであります。

トマトや、西瓜《すいか》や、胡瓜《きゆうり》なども、食塩を少量ふりかけて食べますと、味の調和を得るのでありますす。ラッキョや茄子《なす》の生《なま》をたべても美味しくありませんが、これを塩漬にして食べると美味しいのであります。味が調和するということは、自然が「食用としての成分が調和していること」を教えてくれているのであります。料理は砂糖加減と塩加減とが大切なのはそのためであります。

♣砂糖を過食することをやめましょう

砂糖は血液を酸性にします。血液は一定のアルカリ度を保っているのが正常なのでありまする。血液の酸度が高まってきて、一定のアルカリ度が保てなくなりますと、人体は自衛のために、自分の歯や骨の成分中の石灰分（カルシューム）をとかして血液のアルカリ度を保とうとするのであります。そのために、歯が脆《もろ》くなり、むし歯にかかりやすくなり、骨は粗《あら》くなり、結核菌に対する抵抗力が乏しくなります。特に精製糖の人体に対する害は著明なるものがあります。副食物の調理には、決して精製糖を使ってはなりません。やむを得ず使う場合は、ほんの少量を使うのがよいのであります。

およそ副食物の味のよさは、自然に何となく旨味《うまみ》を感ずる程度がよいので、「砂糖で甘くしたな」とわかるような甘味をもたせたのは下手の骨頂《こっちょう》であります。女中さんに料理をまかせてあるような家庭の食物は、たいてい甘すぎる料理をするのであります。普通、女中さんに来るような若い女性は、不幸な境遇に今までおかれていて、やむを得ず「女中にでも」というような気持で来る人が多いのでありますから、環境にカラく取扱われておりますから、そのカラサを償うために甘味品を非常にほしがるのであります。終戦後まもなく私の宅に来ていました女中さんの一人は（其の頃一般には砂糖がほとんど手に入らなかったのでありますが、私の宅にはアメリカやハワイなどから慰問品として、多量の砂糖が送られてきていました）、御飯に砂糖をふりかけてたべていたりしました。砂糖は胃袋の中へ入るとアルコールと化学的に同じはたらきをするといわれております。私は必ずしもそうは思いません。なぜなら砂糖をいくらたべても、酒を飲んだ時のようには酔わないからです。しかしそれは、感情がイライラしている人間に対してはその「甘さ」の感じそのものが、ある麻酔的なハタラキを与えるので、イライラが緩和されてくるのであります。その女中はタラフク砂糖を食べたあげく、砂糖がきらいになってしまいました――というよりは、母と自分との精神的葛藤が、私の家にいるうちに、調和して精神的のカラサがなくなってきたために、むやみに「甘さ」をほしがらなくなったのであります。

♣麻酔剤を何故もとめるか

モルヒネ、パピナール、コカイン、ヒロポンなどの中毒患者は、これらの薬剤によって心の淋しさや、腹立たしさや、イライラしさを麻酔せしめて、一時的に快い気持にならしめるのでありますが、アルコールも煙草も砂糖も同じような麻酔的または慰安的ハタラキをもっているのであります。だから、そんな女の人に料理をされて、それを食べねばならぬ御主人ほど気の毒なものはありません。料理人は自分の好む「甘さ」を美味しいと感じますので、不幸な境遇に堕《お》ちてカラい人生に、せめて砂糖の「甘さ」であまやかされたい女中さんが、ちょうど適当な味だと思ってつくった料理は、必ず「甘すぎる」のであります。相当のくらしをしている家の御主人なら、女中さんに直接、台所へ出てお菜をつくる指図もできないので、女中さん自身の好きな味の「甘すぎる料理」をありがたく拝んでいただかなければならぬことになりがちです。

♣妻の手料理が本当の幸福

だから、人間は「女中でも置けるほどに金ができたら結構だろうな」などと思うと大変な間違いであります。主人が金を負担して、女中の好きな料理を女中に食べてもらうために女中を雇っているようなものであります。人間の最大の幸福は妻の手料理が食べられることであります。自分の好きな食物の味でもスグ自分の妻に注文してつくってもらえますし、妻は妻で、良人《おっと》の好むものをつくることに悦びを覚えてイソイソとして料理してくれるのでありますから、その料理には愛がこもっております。

食物の成分は、ただ化学的成分の問題ではないのであって、「愛」がそれにこもっていなければならないのです。スター・デーリーは刑務所の食事は「栄養学的に満点の成分をもっているけれども、それは機械的に義務的につくられた食物であって〝愛〟の成分が欠けているから、それを食する囚人は多く胃腸障害を起す」（新選谷口雅春法話集10『愛は刑よりも強し』参照）といっていますが、女中さんのつくる食物も、それと同じく義務として仕事として機械的に調理されるのであって、〝愛〟の成分が欠けていることが多いのです。それにくらべると生長の家練成道場の食事などは素晴しいと思います。炊事に働いている人の大多数は月給でやむを得ず料理をしているのではないのです。ただ先生がたに、そして練成に来られた方々にできるだけ美味しいお食事を差上げたいと思って、無料で愛念の奉仕をしておられる人々が料理をするのですから、その成分には化学的成分のほかに「愛念」という精神的成分が加わっているのです。こういうお食事を実に実費だけの安い値段でいただいているのが、練成道場の職員と練成会員とであります。教えられる「人間神の子」の真理がすばらしいのは当然のことでありますが、食物の点からいっても病気が治るのは当然のことなのであります。

聖書に吾らが祭壇に対して供物《そなえもの》を献ずるに当っては、先ず兄弟と仲直りしなければならないと言うことが書いてある。吾らは食事をとるに当っても矢張《やは》りこれと同じことをしなければならないのである。何故なら食事は自己に宿る神に供え物を献ずる最も厳粛な儀式であるからである。一椀を手にしては是《こ》れ今迄過《あやま》ちて人に対して憎み怒りし自己の罪が神によって許されんがための供物であると念《おも》いて食せよ。二椀を手にしては是れすべての人の罪が神によりて許されんがための供物であると念いて食せよ。三椀を手にしては是れ神の護《まも》りによりて自己が再び隣人を憎み怒るの罪を犯さざらんが為の供物であると念いて食せよ。而《しか》して一杯の飲料を手にしてはすべての人の罪をこの水の如く吾が心より洗い流して心にとどめざら

んがための象徴《しるし》と思いて飲め。〈後略〉――神示「生長の家の食事」より

♣甘味をたべる場合の注意

砂糖をたべるならば、なるべく黒砂糖をたべることです。純粋の砂糖は白くて美しいけれども、砂糖黍《きび》にふくまれている全体の成分が調和して保たれていないで、一方に偏しているために害が多いのであります。神のつくった食物そのものに害があるのではなく、人工を加えて自然の調和を破りすぎたところに害が一層多いのであります。砂糖は陰性の食物であります。太陽が地球等を太陽系統の中心に引きしめているように、引きしめる力を陽の力といっておきましょう。そして地球その他の惑星が外に分散して行こうとしている力を陰の力といっておきましょう。砂糖入のカキモチでも焼いてごらんなさい。「ぷう」とふくれて外に分子が分散して行って中味はフワフワな粗《あら》いものになります。純粋の砂糖を多くたべると、人体の骨でも歯でも筋肉でも、こうした粗いものになって、充実した堅実な組織にならないのです。こうした堅実でない肉体組織の人は病気に犯されやすいのです。

ところが黒砂糖は、砂糖黍をしぼった汁に石灰を大量に投じてそのアク気を中和しながら

煮つめて造るのでありますから、陰性の砂糖の成分が陽性の石灰（カルシューム）で中和され、「分散する力」と「引きしめる力」とがバランスを得ていますから、健康食だということができます。黒砂糖には甘蔗《かんしょ》（砂糖黍）の成分から繊維素をのぞいたすべての成分にカルシュームが入っているのですから栄養が平均しています。したがって成長期にある児童の食物としては恰好《かっこう》のものであります。自然はよくしたもので、幼い児童は黒砂糖でつくった駄菓子をこのむのであります。これは成長に必要だからであります。黒砂糖には、糖蜜が分離されていませんから、この成分が老衰を防ぎ頭髪を長く黒く保つに役立ちます。

♣穀物や果実を食べる場合には

陽は「引きしめる力」、陰は「分散させる力」でありますから、穀類（米、麦、豆類等）及び果実は外皮に陽成分が多いのであります。皮は外から引きしめて一定の形を保たしめているのであります。だから果実は蜜柑《みかん》でも林檎《りんご》でも外皮にビタミンもカルシュームも多いので、皮ごとたべるのがよいのであります。従来は歯の弱い人にはそれができませんでしたが、現今では電気ミキサーが考案されて、大抵の果実なら、これにいれてスイッチを入れれば、果実の全成分を液体にして食用とすることができます。米麦でも、内部はほとんど澱粉ばかりであるのに、その外皮にはいろいろ貴重なビタミンやミネラルが含まれているのです。玄米を搗《つ》かずに、米粒全体を食用すればよいわけですが、玄米の食用に慣れない人の胃腸では玄米の銀皮は消化し得ないで、歯でかみくだかれないで胃腸へ入った米粒の中味へは消化液が滲透しないために、全体の養分の吸収率を害しますから、半搗米《はんつきまい》、または胚芽米にして食用する方がよいのであります。

ハウザー式健康若返り食は、小麦胚芽と糖蜜と、牛乳に乳酸菌を培養したヨーグルトをすすめておりますが、これは普通不足している食成分を補うのによいのです。半搗米、黒砂糖、よく漬かって乳酸菌で酸味を帯びた「大根の漬物」をたべていると、小麦胚芽、糖蜜、ヨーグルトをたべないでも、日本的食物で、これらと同じ成分をたべることができるのであります。

♣葉緑素を食べるには

よく話題になる薬剤に葉緑素があります。葉緑素には貴重な成分がふくまれていまして、それが吸収されるならば血液が浄化され、血液中の毒素が中和され、体臭が清まるのであります。臭気を消す上で、この頃、葉緑素が「歯磨粉《はみがき》」の中にも応用せられ、グリーンの何々歯磨などと銘打ったのも出ています。飲めば膣の分泌臭や、口臭や、腋臭《わきが》が消えるというので、葉緑素を錠剤にした高価なる薬剤も発売されています。葉緑素は血液を浄めるから、結核の化学療法を長期にわたって行う場合、これを併用すると副作用をとめると専門医が言っています。葉緑素を一日分服用の薬剤にする程の分量だけ野菜を食べるには、よほどの分量の青野菜をとる必要があります。

日本では蚕《かいこ》の糞《ふん》から葉緑素を抽出します。蚕は大量に桑の葉をたべるものですから、その糞はまるで葉緑素の塊みたいなものなのです。しかし薬剤にするのではなく、日常の健康に必要な分量位の葉緑素をとるには、普通、一皿の青野菜の料理をとれば結構なのであります。しかし葉緑素は水に溶けないものですから、青野菜をそのまま食用しても、その大部分は人間も蚕と同じで糞として体外にすて去られるのです。これは青野菜を大量食べて糞便を検査してみると、その糞便が緑色をしているのでわかります。しかし葉緑素は油には溶解しますから、青野菜を熱をくわえて料理するときは、油であげるか、油でいためるか、一匙《ひとさじ》のゴマ油を投じて一緒に煮るかするがよろしい。しかし熱をくわえるとビタミンを破壊しますので、清浄なサラダ菜を生食するときには、サラダ油をかけるか、サラダ油を原料としているマヨネーズなどをかけてたべるとよろしいのであります。そして油を用いる場合には、食塩分を添加することをわすれてはなりません。食塩は胃腸に入ると油の消化に必要な触媒のようなはたらきをするのです。テンプラや精進揚げには、醤油を少し鹹《から》すぎるくらいにかけてたべれば胸にもたれないのはそのためです。

♣ゴマ塩の効果

毎食、半搗米の飯一膳に、ゴマ塩半グラム位ずつかけてたべれば非常に健康となります。ゴマは、あらゆる食品のうちで、第一級にカルシュームと油とを含んでいるのです。まるでカルシュームと油の塊みたいなものです。その油の消化吸収をよくするための塩が、ゴマ塩には適当に混和されているのですから、こんな便利な食品はありません。

かつて石塚左玄氏などは、玄米食にゴマ塩と味噌汁と沢庵《たくあん》だけあれば、人間の健康に不足はないといった位です。ついでにゴマ塩のつくり方を申しておきましょう。ゴマを香ばしい匂いのするまで炒《い》り、焼塩または精製食卓塩をゴマ二・塩一の割合で混合し、乳鉢または擂《すり》鉢《ばち》で軽くすって、ゴマを半《なか》ば粉砕しておくのであります。精製されない塩の場合は焼塩にする方がよいのは、不純な塩はマグネシュームの含有量が多すぎて健康によくないためで、焼けばマグネシュームが水にとけてなくなり吸収し難くなるからであります。ゴマを半ば粉砕する理由は、全然粉砕してない場合は、胃の弱っている場合には消化液が滲透せず消化しないことがあるし、あまり細かく粉砕して、塩と全然一体になってしまったら、香味がなくなるからであります。右のごとく製したのを一週間分位ずつ造って、小さな蓋物に入れて貯蔵し毎食食卓に出して、御飯にふりかけて食べるのであります。

♣コゲ飯は胃腸の妙薬

胃腸の弱い人は、コゲ飯の茶漬に沢庵漬でおあがりになるのがよろしい。コゲの香ばしい匂いは食欲をそそり消化液の分泌を促します。日本茶の浸液《しんえき》には、相当の水溶性の葉緑素が含まれていると同時に、そのアルカリ度が非常に高いために、ともすれば胃酸過多に傾きやすい胃の弱い人には、茶のアルカリ度が非常に効果をあらわすのであります。

茶にはビタミンB・Cが著明に含まれておりますので、糖分澱粉等がエネルギーに化すときにぜひ必要なビタミン成分を供給し、それがまた間接に胃腸を丈夫にすることにもなります。ただ茶漬にする場合は、あまり多量に茶を注ぐと、カサが増えて、量的に胃腸の負担を増加して胃拡張をおこすことがありますからその点は注意しなければなりません。それよりも一層よいのは、握り飯を金網にかけてコンガリ焼いて、それをできるだけ丹念にかんで食べることです。この方法を教えてあげて、胃潰瘍の治った人もあります。御飯を焼くと外見は固くなりますが、澱粉は熱を加えるとデキストリンというものに変化して半消化してブドウ糖になる直前の状態になっているものですから、胃腸に入るとかえって消化しやすいのであります。しかも外見固いものですから、噛《か》む回数も増え、したがって唾液や胃液の分泌量もふえるので、ますます消化がよいのであります。

♣固い食物ほどよく消化する

唾液の中には血管を若返らすパロチンというホルモンが含まれているのです。従って、よく噛むということは血管を若返らせて老衰を防ぐということにもなるのです。胃腸病の人に、「君の胃腸は決して弱くない。そんな柔かいものばかりたべているから、胃の粘膜に対して刺戟がなくて胃腸が眠っていて働かないだけだ。できるだけ固いものを噛んで、適当の大いさに粉砕して胃袋に入れれば、刺戟が適当に与えられてかえって胃の腑が興奮して消化液も多量に出し、蠕動《ぜんどう》もさかんに行なうようになる。まず、握り飯を焼いて、沢庵をそえてガリガリ噛んで食べてみたまえ、きっと胸がすいてよい気持だ」と教えてあげますと、もしその教える人を病人が信じている場合には必ず、それだけで胃弱は治ってしまうものなのです。

固い食物をおそれるのは愚かなことです。小豆などもコシあんにして固いところを全然なくしてたべますと、胃の弱い人なら胃にもたれて、酸っぱいゲップでも出るようになるのです。ところがゆであずきそのままに、適当に塩と黒砂糖で味をつけて食べると、何ともいえない天然の風味で、かえって消化がよいのです。小豆の皮には造血に必要な多量のミネラルが含まれておりますから、特に成長期の児童のオヤツにはよいものであります。それなのに、皮をのぞいてコシあんにして、さらに白砂糖をそえてたべたりすると、食物の成分のバランスがこわされていますから、毎日このようなオヤツを児童に与えていますと、体質が悪くなることはたしかだといってもよいくらいです。

♣セリエ博士の驚愕反応説

しかし、何よりも心の持ち方が大切です。胃潰瘍でも、順応反応または驚愕反応（alarm reaction）として起る自律神経の過剰興奮によって起るということがわかってきたのです。すなわち、外界に起るいろいろの事件に心が驚愕《びっくり》して、その事件に順応するためにどうしようかと心が悩む――その心の悩みが自律神経を過度に興奮させて、その部分の血行や、消化液やホルモンの分泌に「行きすぎ」を生じて、その結果、胃腸の粘膜に潰瘍を生ずるということがわかってきたのです。恐怖で自分の心がなやんでいる場合にも、それと同じ道理で自律神経の異常興奮が、恐怖のつづくかぎり、続くものですから、まず、そのような恐怖心をとり去るために、固い食品をたべさせて、「君の胃腸は弱いのではない、眠っているのだ」と言って、安心するよう暗示を与えて、コゲ飯でも食わせることがよいのであります。もっとも、これは普通の胃弱の患者の場合で、腸チブス患者のように、固形食を摂ったら腸穿孔《ちょうせんこう》を起すおそれのある病人には、応用すべきことではありません。

第二部

肉食と平和の問題

生き物を殺して食するのは残酷か

殺生とか慈悲とか残酷とかいう問題を考える場合には、真剣でなければならないのである。ただ問題を提起して相手を試みてやろうと思うのでは、正しい答えは得られないのである。

生命を殺すことは、生命をもつ者の共通の悲しみであって、どうすれば殺さないで生きられるかを真剣に考えることは、坐禅の際に与えられる公案の解釈よりも、もっともっと重大な人生道場での公案であり、「先生、お米をたべることも、殺生ではありませんか」と揶揄《やゆ》するような気持でたずねて、先生からその解釈を教えられて、「それでわかった」というような安っぽい問題ではないのである。坐禅の公案は自分で解決しなければならないし、そこに魂の進歩があると同じように、人生道場での公案も自分で悩み自分で考え、自分で解決するところに魂の進歩があるのである。

平和論と殺生食について

♣一切衆生ことごとく仏性あり

牛を屠殺場へ曳《ひ》いて行くときには、何となくそれを感じて牛も涙をこぼすということを私はきいたことがあります。私は『生命の實相』の本の中でアメリカの屠牛場の悲惨な光景を書き、トルストイの菜食論を紹介しました。これを読む人がひとりでも多く、肉食の残虐行為から遠離《おんり》せられんことを希望したからであります。

仏教は因果を説き、殺生を十不善の第一戒《かい》においているのであります。そして原因あれば結果は循環してくることを説くのが仏教であります。殺す者は殺されるのであります。人類が動物食を続行し、殺生という悪徳の上に人類だけが繁栄しようと思って、いくら平和論を説いても、それは自己の殺生欲をくらますごまかしにすぎないのであります。平和論をなすもの、本当に平和を欲するならば、肉食という殺生食をやめる事から始めなければならないのであります。

♣肉食に蝕《むしば》まれつつある日本人

近頃、日本人の気性が闘争的になりつつあることは否定できません。それは学生騒動を見ても、賃上げ闘争にしても、自分の利益のため、または主張を通すためには、周囲の人々や、国民全体に、どんな迷惑をかけてもかまわない、自分の利益を達成し、主張を通しさえすればそれでよいのだという、その戦闘的行為とその内面的精神とは、日本人の食生活が変り、肉食度が増加した結果、動物食には、動物が殺される時の恐怖や怨恨《えんこん》や憤怒《ふんぬ》の感情が動物の腺組織を刺戟して発生した毒性のホルモンが、動物の屍骸《しがい》の肉体の中には含まれているので、その屍肉を食する人間には、殺害されつつある動物の、殺害者に対する闘争の感情を掻《か》き立てる毒素が、食肉者に経口的に移入せられるのです。これらの毒素は肝臓（胆《きも》）によって処理して無毒化されるしくみになっているのだけれども、あまりその毒素の量が多くなると肝臓はその処理にくたびれて、処理不能となり、その結果その人間は、肉食動物のごとく短気になり、少しの事でも興奮して、相手を殺傷しても平気であるような気質が養成せられるのであります。渋谷のキリスト教会で、互いに反戦論を戦わして、血を流したという記事が朝日新聞にのっていたことがありました。

〝栄養、栄養〟と肉食を奨励する政治や、マスコミ記事や、パン食の学校給食が氾濫しているが、豊葦原《とよあしはら》の瑞穂国《みずほのくに》に生れた人間は、もっと本来の食事――米食に還《かえ》るべきであります。

〝平和運動〟と称して戦う彼ら

〝平和運動〟〝平和運動〟と、平和を愛好する標語を赤旗や、プラカードに掲げながら、その標語とは全然ウラハラな矛盾したゲバ棒や、竹槍や、投石（最近では手製爆弾）をもって闘かわずにはいられない〝気質の荒れ〟は、一方では日本人の菜食が肉食に変化して来て、ホルモンの成分に異状を来たしつつある結果だというほかはないのであります。性欲の異常な興奮も肉食から来るのであります。性遂行の倒錯化が到るところに起って、有夫《ゆうふ》の婦人の姦通《かんつう》は勿論、今の憲法では許されているし、妻子のある男だと知りながら平気で、その男と遂情《すいじょう》するのを不道徳だと思わないような世相は肉食の増加からもくるのであります。なぜなら、肉食のなかにはコレステリンが多量に含まれていて、性欲を興奮せしめる性ホルモンはコレステリンを材料として体内で生産せられるからであります。

♣なぜ僧院の修行者は植物食なのか

古来、修行中の僧侶が性生活を清浄にし、煩悩《ぼんのう》にわずらわせられないために菜食と穀食とを主として、肉食をして山門に入らしめないようにしたのも、肉食は殺生であるからとの理由にもよるが、自然の体験から、罪を犯すごとき結果を招きやすい性欲の興奮を避けるための自然の知恵であったのであります。

肉類に含まれている脂肪成分は、血管壁面にコレステリン（コレステロールともいう）の沈着をきたし、血管の硬化をきたし、人間の老衰を早めるのであります。それゆえに、中老以上の年齢の人々はなるべく食さない方がよいのであります。しかも肉類は酸性食品であるから血液酸性症《アチドーチス》を起して、細胞を弱体化するのであります。さらにコレステリンを原料として、性ホルモンは合成せられるのであるから、肉食過多に陥ればそれだけ性欲が昂《こう》進しやすく、性犯罪を犯しやすくなるのであります。それゆえに、性的に修行僧が堕落しないために、仏教では肉食及びニラ、ニンニク等のごとき、性腺を刺戟する野菜をも禁じたのであります。

営々としてよく働き、困難を耐え忍ぶ性格は植物食によって得られるのであります。共産主義革命がロシアや、中共にまず起ったことも、食物の関係が大いにあるとみられるのであります。彼らの国の食物が、いかに動物的脂肪に豊富な食料であるかということを考えてみればわかるのであります。

僧院の修道者が肉食を排して清浄なる植物食をとることにしているのは、植物性食物は血液を清浄にし、心に平和と静謐《せいひつ》とを与え、戦闘の心を鎮《しず》め、真理を悟得《ごとく》するに適当な心的状態を与えるからであります。

♣想念の浄化によって生活を浄化せよ

心に描くことが形にあらわれる。動物を殺して、その肉を食いながら、心に〝平和〟を描くことができるでしょうか。もしできるならばそれは〝道徳的反省〟の欠如した精神薄弱者であるのであります。世界じゅうの多くの人がこのような精神薄弱者になっているから、〝平和〟〝平和〟と叫びながらいたるところに闘争が開始され、また継続されているのであります。

若い人たちよ、その若い清浄な、まだ汚れていない精神の上を、〝死〟の影や、〝殺し〟の影や、〝病気〟の影や、〝不潔の想念〟の影を印しないようにせよ。高く清く高邁《こうまい》にして純粋なる想念を維持するようにつとめよう。清く高く純浄なる想念は、清浄なる空気、清浄新鮮なる食物と同じく、血液を浄らかならしめ、それが反転して、精神を清らかならしめ、清らかなる生活を好むにいたらしめるのであります。

♣肉食生活を続ける限り世界に平和は来らず

私はアメリカへ行ったとき、立派な宗教家で尊敬に値する地位にある米人と会食した際に、その米人が鶏肉を串に刺したように、大腿部の肉から突き出ている骨を指先で握りながらその肉を貪り食っているその姿を見た時に、平和を唱えながら日本に原爆を落し、ヴェトナムで多くの血を流していた米人の性格の生ずる根因を見たような気がしたのであります。「これでは世界に平和が来るのは未《いま》だし」という感を深くしたわけであります。

日本人の食生活がだんだんアメリカ化して肉食偏重に傾いてきつつあるとき、「ヤンキー・ゴー・ホーム」などといって外部の米国人を追い払うことができても、内臓の中までも侵入して来て、血液を、そして精神をも、肉食獣化して来つつある外来毒素を一体どうするつもりでしょうか。「ヤンキー・ゴー・ホーム」は、その米国的食生活を追放《ゴーホーム》させなければ、精神までも「大和《だいわ》」から「好戦的」に変えてしまいつつあるのであります。外部へ向って国際的に戦争するかわりに、毎日毎日、賃上げ闘争、順法闘争、学生闘争、何々闘争……で明け暮れしている現状の根元的原因の一つは、その門歯が肉食獣化しつつある原因と同じものであるのであります。

♣肉食の功罪について

ミヨシ油脂の三木春逸社長が、海外旅行をおえて帰朝しての感想が、かつて日本経済新聞に出ていましたが、それには「生活の洋風化とかいって最近は〝肉食人間〟がふえているようだが、これは考えものだ。海外旅行をしてみて、日本のよさがつくづくわかった。これは食べ物からきていると思う。西洋は〝悪魔の国〟、東洋は〝仏の国〟、日本は〝神の国〟だ。〝肉食人間〟の国は行動も文化も粗野で荒々しい。もちろん体格だけはりっぱになるが、頭はカラッポだ。最近、殺伐《さつばつ》な事件が多いのは日本人が肉食人間になってきたからではないか。それは肉食の鷹と草食の小鳥と比較すればわかる」という一節がありました。

地上の人類全部が肉食をやめるようになれば世界に目ぼしい戦争はほとんどなくなるであろうと思います。しかし残念なことには日本の政府は肉食奨励論者であって、国費をつかって海外から牛肉などまで輸入していて、そして「平和」を叫ぶのだから、平和の叫びが空回りしてしまうのであります。動物を殺しまたは殺させて食べることと、平和を悦ぶ心とは黒白相容《あいい》れない種類のものであるのであります。アメリカ人がもし肉食をしていなかったら、日本にトルーマンは原爆を落さなかったであろうし、ヴェトナムのあのような戦争は起さなかったのではないでしょうか。

♣食物は心を左右する

ある年、私は日本政府が、メキシコから流行病の菌で汚染したかもしれない牛肉を、加熱装置で消毒した保証のあるものならば輸入することにした、という報道をきいて、愕然《がくぜん》として驚くと共に悲しんだのであります。何のためにそのような不潔な獣肉を輸入して国民の血液を汚さねばならないのか、私は政府要路の人たちにききたいのであります。

「食は心なり」という諺もあるのであります。肉食をする獅子《しし》や虎や狼は獰猛《どうもう》であって、自己の食欲を満たすためには他の生命を傷つけることを何とも思わないのであります。そして平常は働かずに懶《なま》けている。懶けていて貪り食いたいのが肉食獣の性質であります。日本も戦後、肉食がふえて来るにしたがって懶けていて貪りたい人間が次第にふえているのでありますます。すなわちストライキや順法闘争で、できるだけ働く時間を少くして収入を貪りたい肉食獣的パターンの人間が増加しているのであります。この事は「類をもって集る」という法則からも説明できますが、「人はその食する食物によってその性質が左右される」という「食心一元」の理からも説明できるのであります。

♣肉食は眼の相をも変化する

桜沢如一氏は、食物によって人相が変ることを指摘しました。肉食を多食すると、眼睛《がんせい》が上を向いて、瞳が眼の中央部にいなくなるので、一見して、この人は肉食を多食した人だとわかるという説であります。瞳が眼の中央になく、上方に傾いて、顔がマトモを向いていても、瞳の下方の白眼が見える眼相を、〝上目三白眼《うわめさんぱくがん》〟と観相家は名づけたのであります。三白とは眼の左右及び下部の三方向が白く見えるという意味であります。〝上目三白眼〟の人間は性格が異常であって偏執的であり、行動が時として狂暴になると観相家は伝えているのであります。肉食過多の者が、肉食獣のように性格や行動が狂暴になるのは、当然のことだというほかはないのであります。

♣肉食は歯の形を猛獣化する

桜沢氏に指摘せられて、群衆に混って、それらの人々の〝眼〟を見ていると、多少とも上目三白眼の人が多くて、戦後いかに成長期にこれらの人たちが、間違った親の愛念から肉食を奨励せられた人々であるかがわかるのであります。このことは、近頃特にはなはだしい青年の狂暴性の問題に関連があるのであります。

それよりもさらに、顔面部の変化は歯の形が食物によって変化するということであります。

植物食を主として成長した人々は、犬歯と称する肉食に適する先の尖《とが》った歯が、あまり先がとがらず、門歯の形に似てくるのであります。それに反して肉食を多食して成長すると、門歯の先が菜刀《ながたな》のように平らでなくて、犬歯のごとく尖《とが》ってくるのであります。肉食すれば、だんだんその人の体質及び体格が肉食獣に近づいてくることを示しているのであります。

♣肉食は戦争につながる

ともかく、食物は、ただの物質ではなく、生命体であり、内に想念を蔵するので、食物をたべるのは想念をたべるのであります。屠殺された動物の肉には、殺された動物の怒りの念やくやしさの念が蔵されているので、肉食をすれば怒りっぽくなり、戦闘的になり、争いが好きになる。そして一時的な筋肉の打撃力は強くなる。筋肉運動の速度も速くなる。その代りに間断なく落ち着いて精神的な仕事をするのには適しなくなるのであります。

肉食動物の王者ライオンなどは、平常は働きもせずたいていじっとしていて餌物《えもの》を見ると迅速なる速力で近づいてその獰猛《どうもう》な力で一触の下に餌物を殺す。プロレスの力道山のごときはライオンのごとく牛肉を多食したが、その代り、性格が怒りっぽくなり、時々、キャバレーや食堂などで腹を立てて、その巨大なる腕力で人を殴って傷つけたようなことが新聞に出ていたのを読んだことがあります。そうした結果が人から恨まれ、暴漢に襲われて腹を刺されて、それが原因で死を招いたのであります。まことに惜しいことだと言わなければならないのであります。

「世界の平和も、肉食の廃止から」といいたいのでありますが、政府が肉食を奨励して牛肉なども国費を使って大量に輸入しているのだから、我々の思想が政界を浄化しない限りは、国内の闘争も、世界の戦争もなかなかおさまりそうにないのであります。

♣政府は肉食獣型国民を養成することをやめよ

「食は心なり」という諺がある通り、食物が肉食偏重に変ると、人間の性質が肉食獣的に変ってくるのであります。肉食獣は営々と働くことによって食物を得ようとせず、平常はなまけていて、食物となる対象が近づくと、暴力をふるって相手を屈服させて目的を達するのであります。この肉食獣型の人間の行為が、なるべく営々と働く時間をなくして、ストライキをして、暴力を揮って生活の資料となる月給をふやそうとする、あのゼネストにつながるものであることに気づいている人は少いのであります。政府は動物を殺す「肉食」を国民に奨励して、国民からストライキという暴力で、その〝報い〟を刈りとっているのであります。

♣狂暴青年は肉食奨励の犠牲だ

歌麿が浮世絵を書いた頃の美人画は、ほとんどすべて〝瓜《うり》ざね顔〟ともいうべき、面長な顔貌の女を書いているのであります。これは元禄時代を中心にしたその頃の日本人が肉食をせず、植物食を主にしていたのが顔貌にあらわれたのであります。

ところが最近の日本婦人の美人は、たいてい俗に〝丸ぽちゃ〟といわれる丸顔の人が多いのであります。それはなぜでしょうか。それは人間の顔が植物食をとる牛馬の顔よりも、肉食をする虎や豹《ひょう》やライオンの顔に似てきていることを示すのであります。人相が温和な性格の牛馬よりも虎や豹に似てくるということは、その人の性格が温和よりも狂暴に傾いてきつつあることを示すのであります。青年の中に赤軍だとか何とかいって、理由なしに爆弾を仕掛けたり、銃を乱射したりする者があるのを考えてみると、彼らもまた、肉食奨励の犠牲者であると思って気の毒に感ずるのであります。

♣間違った食生活の指導

戦後、海外の栄養学説が日本でも幅をきかすようになって、良質の蛋白質は肉食でなければ得られないという宣伝が行われ、政府でもその宣伝と共に国民に肉食をたべさせてやりたいとの愛念から、海外から獣類の屍骸の肉を輸入することをはじめ、だんだん瑞穂《みずほ》の国に長く生活し来った日本民族の植物食生活がすたれて、肉食偏重の生活に国民の嗜好が変って来たのであります。そのために米食はだんだん減り、米作田地の休耕や、果樹園への転作を政府が補助金を交付して奨励するようなことになったのであります。その結果、日本人の食する食物の八十パーセントは海外から輸入しているなどという不合理な結果を招き、それが人口増加問題とからんで、妙な結論を出し、「食物が足りなくなるから、妊婦は堕胎すべし」などと叫ぶ者さえ出ているのであります。それが愛の道にかなわない間違いの主張であることは誰にもわかるはずのことなのであります。

♣肉食奨励の結果、小児癌や奇型児を生じた

戦争中の食物欠乏時代には、肉食などという贅沢（？）な食物は得られないので、わずかな穀物と、芋類《いもるい》と、芋の蔓《つる》や葉までも食したものでありましたが、その時代には癌などで苦しむ者はほとんど無かったのであります。

ところが、戦後の肉食の増加から、かつてあまり見られなかった小児癌のごときが、小児の死亡率統計によると、そのトップを占めるようになり、図体ばかり大きくなって耐久的スタミナのない肥満児童などという奇型児を生じたりしているのであります。人間はもっと、神が定めた種類に準じて食物の混合割合を正常にすべきであるのであります。その時、人口問題と食糧不足問題との矛盾は自然に起らなくなるのであります。

♣健康のためには獣肉食を避けよ

善念を起すとき、健康に必要なる内分泌《ホルモン》が分泌せられる。あなたが常に善念をもちつづけるとき、その善念は、大生命の叡智《えいち》をして少しも歪《ゆが》みなくあなたの〝心のレンズ〟を透過し

て潜在意識に入らしめ、その潜在意識の指導によって生理作用が健全なる方向にいとなまれることになるのであります。しかしながら、肉体的方面の注意もまた肝要であるのでありま す。肉体は魂(生命)の棲《す》む〝宮《みや》〟であるからそれを清潔にすることを怠ってはならないし、清浄にして、健康な食物を、その人の体格に応じた適当な分量をとるがよいのであります。

近代の健康食だと考えられている獣肉食のごときは、人間を肥満に導くかは知らないが、それは自然の健康な肥満ではないのであります。体重がある標準以上になることは、あまり痩《や》せすぎているのと同様に不健康のしるしであります。巨大な体格・体重をもつ横綱たちが、〝栄養栄養〟と美食を過食するために、糖尿病にかかって土俵をおりて行く実例を見るのは誠に遺憾なことであります。

♣菜食動物と肉食動物との性格の相異

牛や馬は菜食動物であるが、その性格に戦闘的なところは少く、柔順にして勤勉、よく忍耐の徳を保って働くのであります。その容貌は面長であって平和であります。これは食物の関係からも来ているに相違ないのであります。私は、先年逝去《せいきょ》せられた一燈園《いっとうえん》の開祖、西田天香《てんこう》老師が、九十六歳の高齢であったことを思い出すのであります。天香老師は〝無相の生活〟を理想とせられたので、絶対菜食を堅持することなく、頼まれて托鉢奉仕に出向かれた先でだされる食物を差別なく合掌して、〝仏物《ぶつもつ》〟として食されたのであり、このような心境においては、京都医大島薗《しまぞの》内科でビタミン絶対欠損の食事を実験的に二ヵ月間試みられたけれども、脚気の症状は全然あらわれなかったという体験の持主であります。

心境の浄化は、食物の良不良を超える実験である。それでも無差別に何でも拝んで食された食物の中には動物食もあったであろうと思われるが、動物食も食された天香老師は九十六歳で示寂《じじゃく》、絶対菜食を堅持せられる古川大航老師は同じ年齢で、なお青年のごとく矍鑠《かくしゃく》たるものがあります。天授の寿命の問題もあるので、食物のみを原因としては容易に結論を与えることはできないが、この両老師の比較はある参考資料にはなると思うのであります。

肉食と殺生の問題

♣一切の罪悪の根元は「殺す」ということ

ある日、青年会の集りで肉食生活についての質問を受けたことがありました。その問の要旨は、我々は日常生活において肉食を平気で行っているけれども、考えてみると、これは「殺すなかれ」の宗教的立場からみると、非常なジレンマを感じます。いったいこの問題を我々はどのように考え、どのように実践したらよいのだろうかというようなことでありました。青年は、谷口清超氏がその頃、教文新書1『新生活に関する12の意見』の中で「生命を大切にしなければならぬ」の項で書いている一節を朗読しました。

「……少し前には幼女をしめ殺して強姦したヒロポン青年もでてきたし、郵便車を襲撃してアメリカ西部劇のまねをする男達もでてきた。彼らはあまりにもたやすく平気で人を殺しているのである。銀座三越の部長夫人を殺した青年も、大したうらみもなく、まるで虫でもヒネりつぶすように貴重な人命を奪い去っているのである。彼らは果して、あとに残された家族のことや子供のことや良人や妻の悲しみを思わないのであろうか。――たしかに、彼らはそんなことは思わないにちがいないのである。彼らはそのような事を思う前に自己の快楽と生存のことで頭が一杯であるらしい。それは牛殺しが牛の悲しい運命を思う前に自己の糊口《ここう》を思い、牛の肉を喰《くら》う人間が、ただうまいうまいと舌鼓をうつだけで、殺される牛のうめき声や、悲痛な思いに関しては無頓着である悲しむべき精神の進化発展した『歴史的必然性』であるからである。この二つの心の間に一条の連絡を見出すまいとがんばるのは、それはやはり人間の我欲であるという他はあるまい。人類はあまりにも懺悔がなさすぎるのである。人類は過去幾世紀にもわたって、あまりにも多くの殺さずともすむ生命を犠牲に供しつづけて来たのである。……牛や鶏の生命くらいどうでもいいではないかと反撥を感じている人もいるにちがいないのであるが、彼らもまた知らざるなりである。人類は大きな業《ごう》の波によって動かされている、殺す者は殺され、奪う者は奪われ、与える者は与えられ、人を喜ばす者は喜ばされ、愛する者は愛されるのである……」

こう書いている一節を朗読した青年は、いったいその「懺悔がなさすぎる」とあるが、その「懺悔をする」というのはどうしたらよいかというような点についても質問せられたのでありました。

青年達は、こもごも自分の意見をのべたが、原宿青年会に属するという一人の若い女性は、「そんなに動物を殺すことを残虐だと思うのは、人間自身のセンチメンタリズムを動物自身に移入しているのであって、動物自身は別に殺されることを何とも思っていない」とハッキリ割り切った意見をのべて一座の注目をあびたのでありました。

しかし、大体この「殺す」ということは、あまりよくないことであるということは、およそ全ての人類が肯定していることであるのであります。釈尊の説かれた十善の徳というのも不殺生ということから始まっているし、モーセの十誡も「殺す勿《なか》れ」ということから始まっている。観方《みかた》によれば、全ての悪徳はことごとくこの「殺す」ということの変形であるということもできるのであります。

他国の領土を侵すことが罪悪であるというのも、他国の人の生命の発展の領域を幾分か殺すから悪いのであります。全面的に殺すのでなくとも「盗む勿れ」というのもやっぱりある意味からいうと相手の有する利用価値を「殺す」のであるから「殺生」の一部分の変形であるとも言えます。あるいは「姦淫《かんいん》する勿れ」というのでもやっぱりこれは「殺す」ことになります。自分の「生命」が本当に正しく生きると生命を生かしたことになるのだが、その反対をするからそれを殺しているということになるのです。結局、一切の罪悪は、この「殺す」ということとの変化であります。だから「殺生」は、あらゆる悪徳の根元になっている根本犯罪とでもいうべきものであります。したがって、誰でも「殺す」ということは善くないということは自明の真理として承認しているのであります。「平和運動」ということが大いに叫ばれて「戦争反対」「再軍備反対」と囂々《ごうごう》と叫ばれているのも、結局は、殺してはならないという「自明の公理」ともいうべき、人類全体が、それには反対できない公理というようなものが含まれているからであります。しかし、そうして戦争反対、軍備反対ということが当然のごとく、いくら叫ばれても、実際はソ連もアメリカも軍備拡張をやっている。それは何故であろうか。我々の世界は、清超氏の文章にもあったように、大いなる業《ごう》の波によって動かされている。換言すれば、この世界は動・反動の法則によって支配されている世界であって、この法則はあらゆる所に行われて常に行為が循環する。与えれば与えられる、殺せば殺されるということになっているのであります。

♣因果の法則は撥無《はつむ》できない

この動・反動の法則は儼然《げんぜん》として常に因果の世界を支配しているから、我々が生物を殺すことを何とも思わないというような気持で、生物を殺して食べるということを実行すると、それは、その食べた時は、生物を殺して食べて自分だけが腹がふくれて大いにエネルギーができて、そして何か大いに仕事ができる力を得たようだけれども、それは結局、「動・反動の法則」によって、他を殺して食べた者は、また自分の生命が殺されるということになる。「殺される」といっても必ずしも市井《しせい》の殺人事件のように血みどろになって殺されるというだけの意味ではないけれども、さっき言ったような意味で、もっと広範な意味における「殺される状態」というものがそこにあらわれてくるのであります。

自分が「生命」を発展せしめるために、他の下級の生物を殺して食べて、一時は、自分の生命が大いに発展したように思っておっても、必ずそれには、マイナスの報復が循環して、その報復がある姿をなしてあらわれてくるということになる。これを因縁因果の法則ともいい、業《ごう》の法則とも、原因結果の法則とも、心の法則ともいうのであります。これは主君を殺した明智光秀がまた殺されることになったようなもので、このような実例は無数にあるのであります。

♣心で是認した業は一層ハッキリ循環する

もっとも、この心の法則というものは、知らずして殺人したとか、過《あやま》って人を殺したというような、意《こころ》において殺人を意図しない場合には、あまり因縁因果の法則によって「報復」というものがめぐってこないのであります。これはケイシーの宿命通による前世と今世との関係をみても明かであります。(『新版 真理』第五巻女性篇参照)なぜなら、この世界の原因結果の法則を動かしている所のものは心の力であるからであります。心そのものがこの殺人を意識して、それを肯定して「殺してもよい」のであると——そういう肯定的な意志をもって、意識的に、その殺生を是認してやっている場合には、その業《ごう》の循環というものが一層はっきり現われてくる。これは心によって、そのアクション(行為)が支えられ、循環せしめられるからであります。「殺人」は心によって行われ、形の世界の殺人はその影であるから、殺人を正当化して行うときは、その「殺す」ということを「心の世界」で是認してそれを取消していないのであるから、そのものの考え方が循環してくるということになるのであります。だから、動物を食物として食べるというような場合にも、これは「殺すのは当り前だ」というような是認的な意見をもって食べないで、「ああすまない」と懺悔しながら食べる時には、業の循環の程度がそれだけ少なくなるということが、心の法則の上からいうことができるのであります。この点を清超先生は「懺悔が足らぬ」と言っていられるのだと思う。この話に不満足そうに首をかしげておられる人もあるけれども、それは心の法則だから仕方がない。法則というものは「2×2＝4」みたいなもので、私は「2×2＝5」だと思うんだと思って首をかしげても、やっぱり「2×2＝4」は「2×2＝4」である。これはどうも仕方がないのであります。

♣懺悔はなぜ必要か

懺悔の心を起して、「これは自分は殺したくないのだけれども、已《や》むを得ない、ああすまない」という心を起す。すまないから、その殺生によって支えられている生命であるから、何とか他のためになるようにこの生命を生かさねばという心を起すのが懺悔であります。この懺悔の心を通して心が浄められ殺生が反転して菩提《ぼだい》となってくる。

自分一人で生活しているのであったら、自分だけは山へでも籠《こも》って、そして木の芽でも食って、そして生物動物を殺さないでもかろうじて生きられるであろうけれども、家庭生活をしていると、まだ、人類全体の意識がそれだけ進歩していないから、息子だけが植物食ばかりを食べようと思っても、親や、家族の人たちから「そんなことをしたら身体が衰弱する」とか、「痩せて病気になるじゃないか」とか言われたりする。そしてそれに反抗すると、父母が心配するとか、料理係の周囲の人がいろいろと苦労するとかいうことが起ってくる。「家族全部が一緒に鰯《いわし》でも食っておればかえって生活費が安くつくのに、特別に精進料理だなんて言うからお前一人だけに特別に料理をしてやるのはとても大変だ」と言われたりする。そうすると、これは、やっぱり周囲の人の愛念を生かさなければならないし、特別に自分のために料理の苦労をかけるのも申しわけがないことにもなる。そこで、肉食することを心のうちで懺悔し、あやまりつつ、まあ全体のために料理をして下さった食物を感謝して食べるということは許されてもよいのであります。

このような懺悔しつつ食べるという行き方は「殺す」ということを是認する心で食べるのではないのであって、やむを得ずあやまりながら食べるのであるから、肉食を是認する心を否定するのであるから、業《ごう》が形にあらわれることを否定することになるのであります。自分のやっていることを罪悪だと思わないで、それを肯定するという場合には、その業が「肯定する心」に支えられて強力に形に現われて来るということは、病気が起ったり治ったりする実例によってよくわかるのであります。

♣子宮癌の治る実例で、懺悔が業《ごう》の循環を消すことがわかる

例えば、ここに自分としては別に悪いことでないと思って、夫に対して不平不満の心を持っていた奥さんが子宮癌にかかっているとする。実際このような例はたくさんあります。そういう場合に、「ああ私は夫に対してこういう不平の心を持っておってすまなかった。すまなかった。すまなかった」と、その不平の心を肯定する心を捨て、「すまなかった」という心になると、その子宮癌というものが実際に消えるというような事実によって、罪を犯しながら、それを罪だと知らないでいる場合には、その業《ごう》が循環して病気として形にあらわれ、それを「罪だ、すまなかった」と知ることによってその病気が消える、すなわち業が循環しなくなるということがわかるのであります。だから「肉食」の問題でも、心の世界で「ああ、

すまない」という懺悔の念《こころ》をともなう時に、その殺生を肯定する心の動力が消えて、ふたたび形にあらわれずにすむと言い得るわけであります。

♣口先だけの懺悔では効果はない

もっとも懺悔さえすれば、業が消えるのだからというので、口先だけで、「すまなかった」といえば、どれだけ肉食しても殺生してもよいと、肉食や殺生を全面的に肯定する心になってしまっては、「すまない」というのはただ、「呪文《じゆもん》」であって、実際は心の中で肉食を肯定しているのだから、やはり殺生の業は循環することになるわけであります。しかし、我々がやむを得ず懺悔の心であやまりながら食べるという場合には、「ああ、すまなかった」という心で、「殺生はよくない」と否定の心がはたらくから、殺生の業の循環力が否定されてくるのであります。

さらに必要なのは、あやまると同時に、まあ魚でも、牛でも、ともかく我々の食物となるために犠牲になって下さったことに対する感謝の念《こころ》をともなって、食するということにするがよい。これはその牛または魚の霊魂が冥福を得るということになる。さらに、その犠牲を通して生かされている自分の生命であるから、人類のために必ず貢献しましょうと、その貢献に我々がいそしむことになると、その人が牛や魚を食べたことが、かえって他の人に食べさせるよりもその人が食べて、間接にその牛、または魚の霊魂が善業をつんでいることになり、さらにその霊魂たちの冥福に寄与することになるのであります。結局、その牛とか魚とかが誰かに食われる運命であるならば、そういう人に食われて、人類のためになり、感謝の善念を送られて、魂の供養を受けるということになるならば、その方がかえって牛や魚の霊魂も救われるということにもなるわけであります。

♣釈尊が許された場合の肉食

そういうわけで、釈尊も、本来、僧たる者は動物を食しないのだけれども、供養された食物である場合には、それを殺生とみないでそこに「供養の愛念」をみて、仏の慈悲というものが食物としてそこに姿を現わしているものだとして、拝んでいただくということを許されたのであると思う。生長の家もそういう立場から、父母や、家族や、布教にいった相手先から献げられた食物の場合には、たといそれが肉食であっても、懺悔の心を起し、その犠牲に対して「すみません。この供養の食《じき》を受ける限りは、この身を無駄に費すことなく、供養の恩に報いるために人類の幸福のために尽させていただきます。ありがとうございます」と、あやまり、あやまり感謝して食べるというのならば、殺生の業《ごう》の循環が少くなって、肉食もまた許されるというように説かれているのであります。

次に、人間が動物食を食べなかったら栄養不良になるという問題が起るのであるが、実際は、必ずしもそうではないということが実証されているのであります。肉食はただ人類の習慣であるに過ぎない。そしてあまり良い習慣ではないのであります。

♣肉食は人類の悪習慣であって、栄養の問題ではない

今迄の習慣ではともかく動物食を食べなかったら、良い種類の蛋白質の供給がとれない、大豆などの植物質では、いかに蛋白質が豊富であっても、粗蛋白質みたいなものばかりが多くあって、必須アミノ酸が足りないから我々の栄養にはなり難いという学説もあるけれども、それは学説であって、実際とは必ずしも適合しない。菜食ばかりで生活している禅宗の坊さんなんかは、朝は四時頃から起きて、激しい肉体労働をやって、坐禅をし、托鉢をして、肉

体労働をかなりやっておって、それでいて別に肺病にかかるということもない。あるいは白隠禅師は白米と梅干とだけで、一種の神想観的な腹式呼吸瞑想法で肺病が治ったというような実例もあります。

『生命の尊重』の著者であり、『生長の家』誌にも寄稿下さる生物農業研究所の代表をしておられる小牧久時博士のごときは、私が京都でお目にかかったときには、一見、腺病質で、非常に虚弱な体格をしていられて、よほど、栄養食で養わないと普通の健康を保つことができないと考えられるような青年だったけれども、そういう虚弱な体格をしていながら絶対生き物を殺さないで生きたいと決心されて、絶対菜食の生活をはじめられた。もっとも牛乳は生き物を殺さないで済む食物として飲むことは許される。私はこの青年学徒の真剣さには頭が下がった。夫婦とも実に純情な青年でありました。

この人が最初、絶対菜食の生活をしたいと言われたときに、やっぱり両親は栄養不足の理由でその菜食に反対なさったそうだけれども、まず自分が生き物を殺しては生きまいと決心して、まず実践上、夏になっても蚊を殺さないことを実行した上、父母に対して「私は、こういう人生に対する態度で生きたいのですから、私は是非とも植物食のみで生活したい」ということを打ち明けられた。すると、両親も、その純粋な決意に動かされて賛成してくれたのであります。そして植物のみを食して生活して、自分でいろいろとその方面の資料を集めておられた。植物食をやっていると肉体は健康で頭脳は明晰であります。外国語に通達してスペインの或る大学へ学位論文を外国語で提出してドクトル・オヴ・ヒューマニティーズの学位を得られたし、ジョージ・スミス氏の『応用菌学指針』を翻訳して公文館から発行された。植物食ばかりで生活していると、かえって、生体に有害なバクテリアが繁殖しないというような資料も集めておられる。それが空論ではなく、自分が微生物専門の研究家であり、植物食によって自分自身健康を維持しておられる。誠に稀に見る純粋な心情の学徒でありますす。非常に幸福な結婚をしておられて「自分の生活は今本当に天国浄土である」という通信を時々いただくことがあります。

生長の家の説く真理には非常に共鳴して、結婚式の時にも、この結婚式を機会に恩師（谷口）を祝福するのだといって、丹念に『甘露の法雨』を写経して、それを私の所へ送ってこられた。祈りに始って祈りに終るような純情な精神と生活とで生きていられる。生れつきの虚弱な体質が、牛乳以外の動物食をとらないで少しも病気にならないでいよいよ健かであるという実証を挙げていられる。まことにこういう人は、高級霊がある使命をもって地上に誕生して来たというような人であります。この人の原稿が雑誌に載って、その原稿料が日本教文社から送られて行くと、「私は他に収入があって生活しているから原稿料は要らないから、これを人類光明化の費用に使って下さい」といって返してこられたりする。また聖使命会にも入っておられて、この間も「他の所へ出した原稿料が入ったからこれは聖使命会費に寄付する」といって送金してこられたりしていた。こういう純粋な生活を送っておられる人間を見ると私は頭がさがります。そういう実例からみても我々は決して動物食を食べなかったら生活が維持できないというようなものではないということがわかる。健康は食物よりも心の持ち方だという気がするのであります。

♣植物食の方が平均的に持久力がでる

前にも言ったがアメリカの運動の選手がいよいよその競技に出る時には、数日前から肉類をあまり食べないようにして身体を養うということを読んだことがあります。肉類を多食するとかえって早く疲労する、持久力というものは植物食をしている者の方にあるのだという学説も、大分所々の健康や長寿の研究家の方で唱えられている。これを動物において観《み》ても、大体菜食動物に労役に対する耐久力があります。馬でも牛でも、満遍無《まんべんな》く力をずーっと持続的に出すことができる。そして間断なく労役に服する力をもっている。ところが肉食動物というものは一時的な搏力《はくりょく》は非常にあります。そしてライオンなどは他の動物を叩き殺して食ってしまうというような獰猛《どうもう》な一時的力をもっているけれども、持続的に、或る仕事を勤勉に継続して行く力というものはない。人間のように肉体の腕力で生きるよりも、持続的に或る仕事を続けて行く生活をするためには、穀食動物や草食動物のように植物食を主として生活する方が適当していると言えるのであります。

♣肉食の人相に及ぼす変化から、性格の変化を類推する

これも前述したが、容貌の上から言っても、肉食していると、だんだん顔が肉食動物に似てくる。それは「類をもって集る」という心の法則によるかもしれない。第一、肉食を継続すると歯の形が肉食動物のそれに似てきます。前歯がとんがって犬歯に似てくる。親が肉類を多食するとその子の歯の形が肉食獣のそれに似てくるのであります。犬歯というものはいわゆる「牙《きば》」であって肉食する動物の歯であります。骨をくだき肉を咬んで引き裂くのに便利にできている。これに反して植物食をしていると、犬歯が門歯のように、咀嚼面《そしゃくめん》が菜切庖

丁のように平たくなってくるのであります。さらに肉食動物はたびたび骨を嚙み砕いたり、肉を歯で引き裂いたりせねばならぬから、顎にかかる力が非常に要るために、支点と力点との距離が短かくなり、顎が横へ広がってがっちりした横ひろがりの顎になってくる。したがって、顔の形が横に寸法がふえて丸顔になってくる。馬や牛のような草食動物の面長《おもなが》の顔にならないで、ライオンや豹のように丸顔になってくるのであります。

♣現代美人と元禄美人との相異

それで、肉食が普及した現代では「丸ポチャ美人」というのがふえて来たのであります。日本では古来、肉食は、「生肌断《いきはだた》ち、死に肌断ち」（大祓祝詞《おおはらいのりと》）の部に属し国津罪《くにつつみ》と言って、生き肉、死に肉を切ることを罪悪としていた。そして肉類を食べるということを何か下等な民族のすることとみとめ、天孫民族である日本民族はそんな汚れた物は食べるべきでないとして肉食はあまりしなかった。その時代の美人というのは、大体細面《ほそおもて》の面長の美人——たとえば歌麿の絵にでてくる元禄美人みたいなものでありました。

近代の美人というのは、丸ポチャの美人であって、それは肉食の業果《ごうか》が顔に現われているということができるのであります。こうして、人相というものがその人の運命や性格を現わすのであり、同時に食物が人相を変化するということになると、結局食物がその人の性格はもちろん、その子孫の性格を変化しつつあるのであるということも考えられるのであります。そして肉食をするということが、それだけ人間の容貌を肉食動物化した容貌に変化しつつあるということは、人相の上から言っても、それだけ人間の残忍性を発達せしめつつあるということが言えるのであります。

大体、人相の上から言うと、顔の上停《じょうてい》は精神的な、霊的なものをあらわし、下停《かてい》(下顎部《かがくぶ》)は物質的なものをあらわすことになっている。その下顎部が発達してくるということは、物質的な欲望が発達してくることをあらわしているのであります。そして物質は、同一物質を二者が占有できないから、人類に物質的欲望が発達してくるほど、物の争奪戦が起ることになる。いま、世界はいかにすれば平和がもたらされるかという事が問題とされているのですが、その根本的解決は、「動物を平気で殺して食う」ことを恥かしいと思うようにならなければならないのであります。人間の性格が食物によって、このように変化せられるということが明かになると、人間を一層物質的に貪欲ならしめる傾向を与える肉食をやめなければ、物質や領土の争奪戦もやまないことになることも明かです。もう一度いうと、肉食というものが容貌を変え、その人相を物質的に肉食獣的にする下顎を発達せしめ、それが人相の方面から言っても猛獣の相貌であって、奪い合いとか闘争気分とかの性格を増加するものだということになると、肉食の弊害というものが直接世界平和の問題に関係するものだということを知って慄然《りつぜん》たらざるを得ないのであります。

しかし、現在の社会的事情はいろいろ複雑であり、社会的環境や家庭の状態もいろいろにあるでしょうから、肉食はなるべくやめた方がいいけれども、やむを得ず肉食をしなければならない場合は、その殺生の業の循環をできるだけ少くするために、「殺生するのは当り前だ」という心を捨てるように心がけ、「ああ、すまない」という懺悔の心と、「犠牲になって下さってありがたい」という感謝の心とを起して、その生物の魂の冥福を祈ってやると同時に、その犠牲を「犬死《じに》におわらせないように、人類の幸福のために尽させて頂きます」という心を起すことにすれば、業《ごう》の循環も少くなり、さらにまた感謝することになれば、感謝の念そのままが平和への原動力となるのであるから、これは肉食の業と反対の業をつくって、肉食の業を相殺《そうさい》するということにもなるのであります。

♣植物も生きているから、殺して食べるのは残酷だとの説に対して

ところでこうして植物食のみを勧めると、米だって生きているではないか、野菜だって生きているではないかとの反駁もあれば、その反対に、植物が人間の苦しむように切られて痛いと感じ、殺されることを悩むと考えるのは、人間が勝手に自分の感情を植物に移入して想像するにすぎないという駁論《ばくろん》もあります。

花が咲くのを詩人が「花笑う」と形容したり、「美しい粧《よそお》いをつける」と擬人《ぎじん》的に形容するのは単に詩的な表現であります。それは人間の感情を植物に移入したにすぎません。我々は動物が痛がって苦しんでいるのを見るのと同じようには、植物が切られているのを考えることはできないのであります。植物も生きているから植物を殺して食べるのもやっぱり殺生ではないかと考える人があるけれども、植物というものには個々別々には霊魂が無いのであります。植物には「種族の魂」というものがあるけれども、一個一個の米粒なる「米粒一個」に魂があるかというと、そうではない。米《こめ》種族には「米種族の魂」というのがあって全体が繁栄すればよいのであって、一個一個に魂（個別的魂）というものはないのであります。

それで、植物は自分の種族を維持するために、その中の一部分が犠牲（というと変ですが）

になるように最初からその生命が計画している。米は一段歩《たんぶ》の土地で四石《こく》とれるとすると、その四石全体が自然に地に落ちて発芽したら密生しすぎて肥料分や日光の奪い合いをして、どの稲株も実らなくなる。そこでその稲は自分の種子を適当にある間隔をおいて蒔《ま》かなければならないが、植物というものは、自分で自分の種子を適当な時に適当な間隔で蒔くということができないものだから、それを動物なり人間なりにたのまなければならない。稲に限らず、すべての植物は自分で自分の生《は》えている位置を適当に移動することはできないのであります。しかし適当に移動しない限りは、彼らは自己の種族を繁殖さすことができません。そこで彼らは動物なり人間なりの餌《え》になるものや観賞し得るものを提供して、「種族を繁殖し保持するために果実の一部分、または種子の一部分を運搬費にあげるから持って行って食べてくれ、その代りに必ずその一部分は蒔いてくれ」と頼んでいるのであります。

それはその種族の魂が頼んでいるのであって、一個一個の果物や穀粒が言っているのじゃないのであります。果物や穀粒の一個一個は殺されても、その植物の種族が繁殖すれば、別に殺されたのじゃないということになっているのであります。例えば、蜜柑なら蜜柑が、まだ未熟であって採取して播《ま》いてもダメな時は、食べてはいかんと、その果実をわざと緑の葉と同じような色にさせており、もし過《あやま》ってちぎって食べても酸《す》っぱかったり、不味《まず》かったりして、とても食べられないようにしてあって、未熟のうちには二度と食べまいと決心するように工夫しています。ところが、いよいよ適当な時がきて、果実を食べてもらって、種子《たね》をどこかへ蒔いてもらいたいという時期がくると、その「種子蒔き賃」に美味しいものをやるからと、果実の中に美味しい味いを貯え、「ここに、こんな御馳走がありますよ」と言わんばかりに目立つような美しい色彩をつけて、動物なり人間なりを誘うようになっているのであります。この事実を見ても、植物の果実や種子としての穀物は食べてもらうということが彼自身の意志であります。だから彼自身の意志に従って食べてやり、その種族の繁殖するように種を播いてやるのであるから、それは「殺す」のではないということになるのであります。

(注・人類の場合には種族と書き、植物等には種属と書く分類的書き方があるが、ここでは分類を説くのでなく内在の生命を説くのだから用語を「種族」に統一した)

我々が植物の果実または種子を食するのは、「殺生」ではなく、〝種族の生命〟の繁栄のために、種族から謝礼として与えられた食品なのであります。だから果実食または穀食は、「殺生」どころか、〝種族の生命〟を永遠に持続して生かすことになるのであります。

果実食及び穀食については、その色彩の変化によって、植物そのものが、動物に対して呼びかけて、「自分の種子または果実を食してもらう」という代価を払って適当に播種《たねまき》してもらうことを希望していることがわかるが、野菜食などについてはどうであろうか。種子も果実もつかない間に緑の野菜を食するではないか、野菜だって生きているのを切って食うのは残酷ではないか——というような質問を時々きくのであります。

〝残酷〟といい得る場合を、まずハッキリ定めておかなければ正しい結論は得られないのであります。私たちの爪《つめ》や髭《ひげ》は生きていますが、それには痛覚がないから、生きているところのそれらを切っても、人間は痛いことはないし、残酷でも何でもない。それ故に、野菜や樹木の枝を切っても、それは残酷ではないのであります。

樹木は剪定《せんてい》といって適当に切られることによって、風透《す》きがよくなり、かえってよく育つこともあります。野菜も、一株一株に霊魂はなく、〝種族の生命〟のみがあるのであります。一定の場所のみにいる野菜は〝イヤ地〟といってその植物が吸収した土地の必要成分が減ずるので、他の土地に移しかえられたり、同じ土地にいる場合には、吸収した肥料成分から人間に補給してもらわねばならぬから、その代償として、緑菜を人間に提供したり、油菜のように白絞油《しろしめゆ》の原料となる菜種《なたね》を人間に供給したりするのであって、これは別に残酷ではなく、人間は野菜から食物を与えられ、野菜は人間の労力によって移植したり、種播かれたり、肥料を与えられたりして、その「種族の生命」が永続し繁栄することになっている。そこには与え合いがあるばかりで、奪い合いはないのであります。

♣魚を食用にする場合には

けれども、魚になると事情が大分ちがう。魚を捕《と》るという場合に、魚はきっと逃げる。彼らが、「どうぞ食べてくれ」と言って口に入ってくる奴ならそれは平気で食べても彼ら自身の自由意志を満足するのだから罪悪ではない。けれども魚は殺されるのを嫌って逃げる。そういう逃げる奴を追って、つかまえて、殺して食べるということは、愛にそむくことでありますす。だから愛深き人は、魚をすら好んでことさらに食すべきものではないと考えられるのであります。

しかし、ここに、自然の調節の問題がある。魚などは一尾が何十万という産卵をする。なぜそんなに多く産卵をするかというと、その大部分は稚魚《ちぎよ》の間に同類相食《あいは》んで大量に殺されるのが勘定に入っているからであります。したがって稚魚の間には、殺されても痛くないように痛覚神経が発達していない。そして痛覚のないものは、たとい生きていても、それを切り殺してもそれほど残忍ではないという理論も成立ちます。それは、我々の髪の毛や爪の例でも判ります。

魚なら魚の種族を繁殖させてやりながら種族の意志を尊重し、何十万も孵化する稚魚が、ある大きさ（あまり痛覚神経の発達していない限度の）に達した時にそれを捕獲して食べる事にして、その魚が、非常に大きく生長して、死をおそれ、痛みを強く感ずる時代に捕獲してたべる事は、なるべく差し控えるがよいのであります。そういうわけで『生命の實相』には「やむを得ず魚を食べなければ栄養が足らぬというような場合には、痛覚の発達せぬなるべく小さいザコのようなものを食べるのなら残忍性が少いし、栄養の上からいってもそういう小魚は骨ごと食べるから内臓の成分も骨成分もあって、あらゆる栄養分が平均しているから好い」という意味が書かれているのであります。

しかし、これは「殺してもよい」という意味ではなく、比較的に残忍性が乏しいから、やむを得ず、そういう魚肉などを食べなければ栄養にならぬというような信念しか無い人は、次善のはからいとして、そういうものを食べる方がましであるというに過ぎません。これに反して、植物の方は、痛覚神経が無い上に、食べてもらいたくなったら、発見されるために、わざと色を変えてそして動物なり人間なりを招いているのであるから、それを食べるということは決して残忍ではないのであります。植物や低級動物には個別的霊魂はなく、種族としての生命のみがあって、その「種族生命」が一群の個生命をその類の生物として発生させているのであるから、その種族の生命を一層生かすようにするならば、植物が植物の種族的生命が生かされるために若干の種子を犠牲にしても苦痛を感じないと同じように、大脳の発達していない個性霊魂のない低級の生物は、種族の生命を保持するために若干の個別的生命を人間に献げても差支えないとも言い得るのであります。ただ人間側において、この犠牲に対して、それをできるだけ生かすように、感謝と懺悔の心を必要とすることは言うまでもないのであります。

生物互いに相食《は》むことなき世界を求めて

――中野侑篤君の御質問に答えて――

『生長の家』誌に「信仰相談室」という欄があった時には色々切実な問題に就《つい》ての相談が来ました。その中でも茨城県の中野侑篤《ゆきあつ》君からの質問は実に深い内容と悩みをもったものであって、生老病死の四苦のなかの「生苦」についてのものであります。こういう切実なる魂の悩みを私自身も青年時代に体験して、あらゆる先輩の宗教家や理想世界を翹望《ぎょうぼう》する人たちの間をたずね歩いたものであります。その信仰求道の閲歴《えつれき》と悩みと、光に対するあこがれとを書き綴ったものが『聖道へ』と題する私の青年時代の論文集であります。

これは私が今説かれている〝生長の家〟の信仰に到達するまでの、思想巡礼と人間修行の一歩一歩の歩みとして、生長の家の現在の教えを本当に理解していただくためには是非読んでもらいたい思想信仰巡礼紀行であります。何が、如何にして、現在の信仰に到達せしめたかを知らなければ〝生長の家〟の教えの奥深い意義はわからないと言えましょう。

私はあの中に肉食（魚肉を含む）をすることが殺生の罪を犯すものとして、全然魚肉食すらも拒絶して、ただ鶏卵だけは、まだ〝生命〟の宿っていない蛋白質資源として許されてよいと考えながら、しかもそれを食しつつ毎日下痢をつづけていたことが書かれています。中野君の質問を読んでいると、そのころのひたむきな精進努力をつづけていた青年気鋭《きえい》の修行者であった私を思い出してなつかしくなるのであります。

中野君は次のように言うのであります。

「有畜農業として効率をあげるためには、役用としての牛馬を飼わなければならない。その場合、素《もと》より屠殺の意志がなくとも、病気、老衰等によって自然の死を与えれば、体が大きいため、自分で葬るわけにはゆかず、多くの人の手数を煩わす上にその死骸は老朽または病気のため食用にもならず、せっかく、牛馬の生命が造りたる生産物である肉も何等人生に貢献することなく、捨てられてしまう。したがってこれを有効に利用するために、牛馬が自然死する以前に廃用として屠殺するのが一般農家のやっている現状であります。自然死は放牧中、飼育者の知らないうちに起るだけで、畜舎に飼育されるものは動物が大きいために、その屍体処理に他人への多大の手数を煩わすために自然死を待つわけにはゆかない、これを殺生の罪を犯さないように解決するにはどうしたらよいでしょうか」と言うのである。

この問には牛馬を飼育しないでそれを野生にして放置すべきか、放置された結果、一旦家畜となった牛馬は環境に不適応の結果、そのままその種族の自然的衰亡にまかせておくか（これも間接殺生である）、あるいはその牛馬は野牛野馬として蕃殖《はんしょく》を逞しうし、ついに人間の生活をおびやかしても放置するかの問題も含まれているのであります。まことにこれは深刻な問題であります。

人間が直接殺生をするのを避けて牛馬を放置した結果、牛馬自身が外界に適しないで死滅してしまったら、それらの牛馬は遺棄《いき》したために死んだのでありますから、これは直接に屠殺したのでありませんから直接殺生ではありませんけれども間接殺害であり、あるいは慢性殺害ともいえるのであります。

それでは今迄飼育して来た牛馬を遺棄するには忍びないので、依然として飼いつづけるとすると、自然の寿命が来るまで生かしてその屍体《したい》を何ら利用することなく棄《す》つべきか、それとも適当の時期に屠殺して、せっかく、牛馬の生命がつくった肉及び皮革等の生産品を役立てる方が牛馬に対して、せめて地上に生れ出た貢献がなさしめることになるので、牛馬の魂にとっては喜びとなるのではなかろうか。どちらが道にかなうのであろうかの問題がありま す。

中野侑篤さんの言われるところによると、最初から肉用として飼うときは、はじめから屠殺すべき計画で、肉が美味になるような飼料をあたえて育てるのであり、蕃殖のために牛馬を飼う場合にでも、乳牛等として役立ち得る以外は、馬など仔馬として肉の柔かく美味なる間に屠殺されるのであります。

それでは牛乳などを飲用するのは、仔牛が必要とする以上に乳汁を出すのであるから、その余剰の牛乳をいただくのは、それは殺生でも残酷でもない、釈尊もバラモンの処女《おとめ》の供養する牛乳の粥《かゆ》をすすって悟りをひらかれたのであるから、乳汁の飲用はよいと思われるかもしれませんが、実際は、牧場経営者または乳用牛飼養者の立場からするならば、その家畜があまり老衰すると乳汁量（鶏の場合は産卵量）が減ずるから、飼育の費用をその乳汁（または鶏卵）の販売益金によってはつぐなうことができない、そこである程度まで老朽すると、なお、肉用として役立ち得る適当の時期を選びその鶏または牛を屠殺して、食肉用に供するということになると言われるのであります。

中野侑篤君はつづいて言われる。

「牛乳や鶏卵を食用することは家畜の生命を殺すことではなく、その動物の余剰物資をいただくのであるから殺生にはならないと思われるかもしれませんけれども、乳卵を食する人がなければ乳卵用家畜はありません。その人は家畜の生命を直接には奪わなくとも、乳卵を食用することにより乳卵用家畜の飼養を支持しているから、間接には家畜を廃用として屠殺することに協力していることになるでしょう」

わたしは、この中野侑篤君のような、ひた向きな、突きつめた心で、どこまでも真理を追究し、真理を生活に実践しなければやまない様な青年に頭が下がる思いがするのであります。易々《いい》加減のところで妥協《だきょう》できない、生きものを殺してなら生きないという純粋な気持、そして単なる純粋な気持だけではなく、それには精細な思索が伴っているのであります。私の青年時代には卵食だけはまだ生命が宿っていないから殺生にならないと信じていましたが、私の潜在意識はその卵食さえも殺生につながることを知っていたとみえ、それを拒否して、たとい食しても、それを押し出して下痢をつづけていたのでありました。

小牧久時氏は中野侑篤君に劣らない真剣な求道者で、その青年時代「生命を尊重する」熱情はついに殺生しては生きまいと大決心をし、まず蚊を殺さないところからはじめて、金網を窓に張って、互いに蚊と人間と相侵さない生活をはじめられ、一切の肉食を断ちきって、ただ、牛乳だけは「許されて食し得る」食物として、唯一の動物性蛋白質資源として受用していられた、ということであります。その熱情、その精細透徹せる理論、その実行の勇気は讃嘆に価いするのでありまして、さいきんその小牧氏の体験からにじみ出る不殺生の理論をあつめた随筆集が『生命の尊重』と題して日本教文社から発行されており、私もそれを読んで教えられるところが多かったのであります。金網を張って自分の家に入らしめない蚊がどこへいって誰の血を吸うか、食物に餓えて餓死するか、それでも殺生にならぬかなどと考えるとこの問題はなかなか割り切れない問題が起ってくるのであります。

ところで、中野侑篤君のように乳食及び卵食といえども結局は、飼育営業者を育てることになり、飼育営業者は利潤を目的とするがゆえに、乳食及び卵食をする者があるから、乳量及び卵量の多からんことを求めて家畜を屠殺するからこれら乳食及び卵食も結局は家畜の屠殺に協力しているということになると言えば、我々は本当に卵食も乳食も摂《と》らずに、ただ植物食のみを食用とすることにしなければならぬことになるのであります。

しかも、その植物食ですら、我らが米食または麦食するがために、農家においては米麦または野菜に寄生する害虫をなるべく駆除して収量を増加せしめんがために、生物である害虫を直接または間接に殺す方法を講じなければならないということになるのであります。こうして純粋の植物食ですら、間接には動物を殺す殺生の業《ごう》につながることを考えると、私たちは、もう何も食せずに、静坐してしずかに自分の餓死を待つことが人間に許されている最善の道だというようなことも考えるに至るのであります。しかし、天命が来たらざるに餓死することは、これまた他を殺さないけれども自己を殺すことになり、自他平等の立場から観るならば、やはりこれも殺生である、人間は右するも左するも殺生するほか道はないということになるのであります。この絶体絶命の境に立って如何にすべきでありましょうか。

中野侑篤さん。ただ論理で、心の中の思索として、以上のような事を考えるだけでは、それは論理の遊戯であって、大した魂の進歩ということは得られないと思うのであります。断食か、絶食か、自殺か、自殺も殺生だとすれば如何にすべきか。私たちは身体を大地に投げ出して慟哭《どうこく》するほどに切実に悩み苦しみ、所詮《しょせん》は人間はかくのごとく「造られたる者」としてそのような業深き制約の中に生きるより仕方がない悲しみに全身をのたうちまわって悲歎にくれるほどの、深く切なる悩みを通してのみ、そこに最大の荘厳なる人生観の三百六十度転回が得られるのであります。この悩みの巌頭《がんとう》に立って喪心《そうしん》失命したときに、その奈落底《ならくてい》からのみ忽焉《こつえん》として本当の生きる道が悟られるのであります。何故なら、そのときに私達は、はじめて切実に神を求め、救いを求める。その求める救いは、病気が治りたいとか、財福を得たいとか、生活が楽になりたいとかの低い浅い程度の救いではないのであります。見る世界が、見られる自分が、忽然《こつねん》と三百六十度転回を演じてそこに全的に「殺生なし」の世界に出るのであります。それはどういうことであるのでしょうか?

そこで思い出すのは、田中忠雄氏がその著『生活のなかの禅』で『無門関』の一節を講義している。その中にこんな事が書いてある。

『「若《も》し者裏《しやり》に向って真底を悟り得ば、便《すなわ》ち知らん、殻《から》を出《い》でて、殻に入ることは、旅舎《りよしや》に宿するが如くなるを」

これはどんなことか。ほんものがわかったら、魂の抜け殻などにまどわされるな、殻などは本当の自分ではない。こっちの殻を出て、あっちの殻に入るというのは、転々として旅館を泊り歩くようなものだ。ほんものは、その殻でもなければ、旅館でもない。

無門和尚はつづいて、

「其《そ》れ或は未だ然《しか》らずば、切に乱走すること莫《なか》れ。驀然《まくねん》として地水火風一散せば、湯に落つる螃蟹《ぼうかい》の七手八脚なるが如くならん。那時《なじ》言うこと莫《なか》れ、道《い》はずと」

自己の真底がわからぬなら、あわてて、みだりに走り出すことなかれ。お前を構成する地水火風の四大が分散すると、螃蟹が熱湯におち込んだように、ばらばらになるだろう。

……だから女に生みつけられたままの人間は、みんな抜け殻だ。世の中には、抜け殻が、いたるところに、ごろごろしている。大臣とか博士とか文士とか社長とかは、これ悉《ことごと》く殻である。ブルジョアもプロレタリヤも殻である』

引用はこれ位にしておきましょう。この田中忠雄氏の文章がわかるためには、『生命の實相』の本の「實相篇」にあるところの「人間は未だ嘗《かつ》て女の子宮から生れたことはない」という真実がわからなければならないのです。この「自己の真底がわからぬなら、あわててみだりに走り出すなかれ」である。「自己の真底」とは「真実の自己」であり、「実相の自己」である。「未だ嘗《かつ》て女の子宮から、生れたことのない自己」である。「神聖受胎」であり、キリストであり、摩耶夫人《まやぶにん》の右脇から出生すると直ちに七歩前進して「天上天下唯我独尊」と呼号した、神聖仏性である。

その真底がわからない限りは、いかに植物食のみに限っても、蚊《か》をたたかずに網を張って防いでも、人間は所詮《しょせん》は殺生しまいと思っても殺生するよりほかに生きるも死ぬるもどちらもできない存在なのであります。いわば蟹《かに》のように、現象界の熱湯の釜中《ふちゅう》で七転八倒しながら結局は手脚がバラバラになるよりほかに仕方がない存在なのであります。そこで、この現象界の釜中を超える工夫がなければならないのであります。

どうして超えるか。肉体の正体がつまるところは「無」であることを暴露してそれが本物でないことを、本当に知るのは、ただ理論的に「物質は無い」ということがわかるだけでは頭脳智でわかるだけで、いのちの真実で超えたのではない。ただ理論的に「物質は無い、したがって肉体は無い。肉体はないから、動物の肉体を食べているように見えても食べているのではない。だからわたしは本当は悟っているのではない。などと、言葉巧みに言いのがれてみるだけでは本当は悟っているのではない。」「本当に殺生すまい、殺生するくらいなら、何一つ食べずにいよう」と大決心をして、もうギリギリのどうにもならない絶体絶命のところまで行って、天地に慟哭《どうこく》し、神によびかけ、絶対者に叫びかけ、その「殺生すまい」という一大悲願がついに一大飛躍をして世界が三百六十度転回して、そこに殺生なき「実相の世界」が見出されるのでなければ真物《ほんもの》ではないのであります。

その悲痛の絶巓《ぜってん》に立ってもう行くべき道を失って魂が真剣に真剣に神を喚《よ》ぶとき、「イザヤ書」第六十五章二十五節にあるように、言葉に出して神を喚《よ》ばずとも、神は我らの魂にこたえたまうて、そこに争う者もなく、互いに相食《あいは》むものなく「豺狼《おおかみ》と小羊とは食物を共にし、獅《し》子《し》は牛のごとく藁《わら》をくらい、蛇はちりを糧《かて》として、わが聖山《きよきやま》のいずこにも互いに害《そこな》うことなく傷《やぶ》ることなき」実相の世界がそこにその人の身辺に現実化するのであります。

そしたらその人は獅《しし》が藁を食《くら》うごとく、野菜と穀類のみを食い、狼も獅も肉食をやめて菜食に移った結果、「互いに害《そこな》うことなき」生物の状態があらわれてくるのでしょうか。実際、その人の悟りの高揚せる或る時期においては、そのような状態があらわれてくるのでありま す。

人間の精神状態が一変すれば、彼をとりまく小動物が肉食的または吸血鬼的でなくなることは、神想観を充分真剣に実修した人にはたびたび実証せられることなのであります。

たとえば、『真理は死刑の鎖も断つ』の著者遠藤義雄氏は、戦争中、台湾の対岸にある海南島の司政官をしていましたが、終戦直後、戦犯者として死刑の判決を受け、死刑囚の監房に入れられていたのでありますが、ある日、死刑の執行を受けに行く途上の陸軍大尉の人が遠藤義雄さんの監房の格子戸の間から『生命の實相』の「万教帰一篇」一冊と、チリ紙に鉛筆書きで筆写した『甘露の法雨』をほり込んでくれて、

「私はこれから死刑を執行されに行くのだが、この本を読んだお蔭で、人間は肉体ではない、霊であるということが悟れたから、肉体は死んでも霊は死なない、人間は死なないということを知ったから、もう何の恐怖もなくなった。君も早晩、死刑の執行があるのだから、それまでにこの本を読んで、人間は肉体ではないという真理を知って恐怖を無くしておきたまえ」

といって去って往《い》ったのであります。

遠藤氏は、大尉が投げ込んでくれたその『生命の實相』を、餓えた者が食物に接したように、真理をもとめて、繰返し読み、チリ紙に筆写されている『甘露の法雨』の冒頭にある招神歌《かみよびうた》を念じながら、神想観を毎日毎日熱心に実修していると、（注・氏は台湾の対岸の海南島なので、酷暑のために、上衣をまとわず、ズボンだけの服装であった）無数の蚊が氏の裸の皮膚にとまるのだけれども、一匹もその蚊は螫《さ》さない、蚊も神想観をしているらしいのであります。氏が神想観を終ると、蚊は飛び去っていなくなった。それだけではない。南方支那に多くいる南京虫が、それまでは氏を襲うて血を吸っていたけれども、神想観をしているとゾロゾロと群をなして集団移動をはじめて遠藤氏のいる監房にはいなくなったというのであります。やがて看守（中国人）が近づいて来て、氏の戦犯が無辜《むこ》の罪であることをきいて書類をつくって歎願書を作成してくれ、蔣介石総統の中央政府に提出してくれたら、中央政府から死刑執行解除の通告が来て無事日本に帰ることができたのであった。真理は、餓えた者のごとく吸収して実践しなければならぬ。そこに奇蹟を生ずるのであります。

この体験によっても、人間の心が、他の生物に対して、相感応してその生活状態を一変させることができることが証明されているのであります。大多数の人間自身に、もっと闘争の精神がなくなり、人間自身が肉食をしなくなり、心が神想観を実修する時のように、神の平和と愛とに満たされる心境になるならば、その心境の感応によって、その周辺にいる肉食動物や吸血の昆虫などは、生活状態を改めて「創世記」に書かれている通りの本来の植物食に還《かえ》り、精神は穏かになり人間をはじめ、他の生物を傷つけるような事はなくなるのであります。

これが「イザヤ書」にある「わが聖山《きよきやま》（実相世界のこと）のいずこにも互いに害《そこな》うことなく傷つけることなき」状態が現実世界にあらわれた状態であります。

ついでに、もし私たちが、他から感謝の表現として肉食を献げられた場合に如何にすべきかの問題を申上げておきたいと思います。

感謝によって愛念によって献げられたる物は、すでにそれは感謝の象徴とし、愛念の表現としてその形あるものが出現しているのでありますから、その形は「肉食」のように見えていましても感謝食であり、愛念を食しているのでありますから、もはや、普通の肉食をしているのではないのであります。そんな時に形の上では肉食をしているように見えましても、実相においてはすでに肉食をしていないのであります。それは次のような実例で諒解していただけると存じます。

かつて私が徳島県の川東村から高知県の安芸町へ行くために、タクシーに乗って徳島県の県境を突破して高知県へ入ってしばらくすると、「宍喰《ししくい》配給所」という看板がでているので、あれは何を配給するのですかと高知県から出迎えに来られて同乗している人にたずねますと、次のような話をその人はきかせてくれられたのであります。

「宍喰《ししくい》」というのは、もとは「猪喰《ししくい》」といったのを文字を美しくするために書きあらためられた地名であって、その地名の「猪喰」の由来にはこんな話がある。大体この辺りは弘法大師が四国八十八ヵ所を開かれた中心地帯であって、いろいろの奇蹟があったところであるというのであります。

その頃は、山伏《やまぶし》が一種の呪術《じゅじゅつ》を行って治病宗教家として生計をたてていたのであるが、弘法大師がこの辺を巡錫《じゅんしゃく》せられて即身成仏この身このまま仏であって、仏の金剛身に何の病いあらんやというわけで、むつかしい呪術や口誦《くじゅ》もなしにポコポコ病気が治ってゆくので、山伏たちは、弘法大師は自分たちの生計を奪う者であると考えて、機会があらばやっつけてやろうと思っていたのであります。ところが、ある日の夕方、弘法大師に救われた家族が、その感謝の意をこめて大師に晩餐を供養したのであります。それは冬の事で、その晩餐には猪の肉をたべれば非常に体が暖まるというので、猪の肉などを取まぜた雑炊《ぞうすい》のようなものが

でたのであります。大師は、それに合掌して「仏の生命《いのち》」をそこに見て感謝しながらお喫《あが》り
になったのであります。
晩餐の終わったころ、そこにあらわれたのは一人の山伏であります。大師の前に立ちはだ
かって、
「これ弘法、真言宗では肉食妻帯《にくじきさいたい》は固く禁じられているのに、その開祖自身がその禁戒を破
って猪の肉を食うとは不届き千万。よくも汝は衆生を瞞《だま》しおったな。この売僧奴《まいすめ》!!」と大音
声をもって大師を辱《はずか》しめにかかったのであります。
すると、大師は
「拙衲《わし》は、猪の肉などは食わんじゃよ。仏の生命を有りがたく拝みながらいただきましたよ。
これを真言宗ではな、入我我入《にゅうががにゅう》と言いましてな、我の中に仏が入り、仏の中に我が入ると申
すものじゃ」と静かに言われる。
「何と申す。このナマグサ売僧奴《まいすめ》、言わしておけばツベコベと弁解するが、貴様が猪の肉を
食べておったのはこの眼が見て知っているぞ」
「あなたが見て知っているのなら、あなたが、猪の肉を食ったのじゃろう。わしは猪の肉な
ど食べたことは金輪際《こんりんざい》ありませんよ」

「馬鹿言え、この眼で貴様が猪の肉を食べているのをわしはチャンと見ていたのだ」

「いよいよあなたが猪の肉が口に入るのを見ておられたのなら、あなたが食ったにちがいない」

「何を‼　わしは精進堅固な両部神道の修験者《しゆげんしや》……」と山伏が言うと、大師は、

「それでは、どちらが猪の肉を食ったか、今食べた物を吐き出して見たらわかるじゃろう。さ。ともども吐き出して証拠を見せよう」

こうして両人《ふたり》は今しがたいただいた夕食を鉢の中に吐き出して見たのですが、大師の吐き出した食物のなかには一片の猪の肉もなく、かえって山伏の吐き出した食物の中には無数の噛みくだかれた猪肉が混っていたというのであります。

つまり、大師は殺生戒をやぶって肉食をしているように見えていたけれども実際は肉食をしていなかった。そして諍闘心《そうとうしん》に燃えている山伏は、精神堅固に肉食をしていないように見えていたけれども、本当は肉食をしていたことになっているのであります。この大師の奇蹟がもとになってこの辺の地名が「宍喰村」ということになったのであります。では大師をまねて、「わしは肉食をしているように見えていても、真実は肉食などをしていないのだ」といい加減な安易な心で肉食をすれば、その業果めぐって、自分の肉が飛び散るような地獄絵

巻が現出するのは火を見るよりも明かなことであります。

中野侑篤さん。あなたの深く行きとどいた考え方は、植物食と動物食との問題についても大変参考になってありがたく存じております。その問題につきましては小牧久時氏が、この問題は歴史を通して解決しなければならないということを申してこられました。これは一人の人の「生命尊重」の心がだんだん影響してゆけば、ついに乳や卵を食用とする人も減じ、需要が減ずれば、供給も減じて来、したがって、また屠殺の必要もなくなって来る、だから一人の精進努力を軽んじてはならないのだ、というような意味に要約されると思います。衣食住の「衣」の方面では、人造繊維、化学繊維の発達から、絹の需要も漸減《ぜんげん》し、羊毛に代るナイロン、テトロンなどの織物も発達して来ましたので、この方面からの殺生もだんだん不要になってくることと存じます。衣料がこうして化学的に製造できる世になり、ビタミンなども化学的に天然ビタミンと同様のものが生産されるようになっていることに鑑《かんが》みますと、唯今、動物性のものでないと得られないところの人体に必須な種類の蛋白質といわれているものも、近いうちには光合成化学によって豊富に生産し得るときが来、結局、鶏卵も、牛乳も、人間はこれを食用しないでも完全栄養がとれる時期が来ると信じます。しかし、そのような時期を可成的に急速に来らしめるためには、小牧久時氏の『生命の尊重』の本や、私の『聖道へ』というような本などをできるだけ広く普及して、「生命を尊重」することが如何に人間の道徳性の向上に必要であるかを、できるだけ多勢の人たちに知らしめ、そういう必須蛋白質の化学的多量生産の方法研究に、科学者及び発明家の興味と努力とを喚起するようにしなければならぬと思うのであります。

　こうして、動物を殺して人間が食したり卵食をしなくなりますと、動物そのものの頭数が増加して来て困るようなことはないかと心配する人もあるかもしれませぬけれども、そこは大自然には自然の調節力がありますから、その心配は無用だと思います。鶏なども、産《う》む卵を抱かせないで、産むだけずつその卵を取除いて行きますからこそ、次から次へと産卵し、その産卵を人工孵卵装置で一度に数千羽でも孵化しますから、鶏の数が殖えるのですけれども、自然の抱卵育雛にまかせておけば産卵数は減じて自然調節があるもので、その点は心配はないと思います。猫などでも私の宅の周囲に飼猫でないのが、四、五匹おりますが、毎年四回位、妊娠し数匹ずつ出産しているらしいのですけれども、それがどこへ行くのか、不思議に鼠算用ほどにも殖えないのであります。だから私達が動物食をとらぬようになっても、動物の数はむやみにふえるものでもなく動物の産児調節をせねばならぬということはないのであります。

　さて、あなたのお手紙にあります通り、「人間の産児調節を政府が奨励している限り、現在の社会相に道徳の高揚はあり得ない」のであります。この点は全く私の憂えているところであります。性の快楽だけを貪って、その結果としての責任だけを回避する道があるならば、そして人間を単に快楽原則にしたがう「肉体的存在」だという唯物論的人間観がある限りは、人間は滔々《とうとう》として性的頽廃《たいはい》に誘惑されて行くのであります。しかも現代の教育は、概《おおむ》ね人間を単なる物質的存在だというように教育しているのでありますから、快感だけを貪って、あとの結果から逃げ出すために堕胎や避妊をなるべくやろうとする国民がふえることは当然のことであります。最近ずいぶん、御婦人から「せっかく妊娠したのだから何とかこの子供を生かして生んで育てたいと思うのですけれども、良人がオロシテしまえと言ってきかぬのでどうしようかと思いますが、どうしたらよろしいですか」というような訴えの手紙をいただくことがたびたびあるのですが、これは全く婦人の人権無視であって、その人権無視を現行の「優生保護法」が堕胎を公認することによってバックしているのであります。

　最近では人工流産どころか、生きて出産した子供を圧殺して、〝人工流産〟という名称で捨ててしまうような実例もあり、優生保護法が堕胎奨励でありますから、警察などではこの方面のことは厳密に調査もしないし告発もしないらしいのであります。現に私宛に来た或る婦人からの相談の手紙には、人工流産をしたとき、その刹那胎児のウブ声をきいたが、そのウブ声が今なお耳にのこっていて、精神的な自責と呵責とでノイローゼになって苦しんでいるので、どうしたらよいかという質問が来ているのであります。ウブ声を聞いた限りは、その胎児は生きて生れたのにちがいないと私は判断するのでありますが、それが死産または人工流産として医師の手で始末されているような例は頻々として起り得るのであります。これは単に医師の責任だけではなく、医師を含む一般国民に、胎児の生命を尊重しない優生保護法を制定した当時の政府及び与党の責任だといわなければならないのであります。生長の家は自民党かと質問する人がありますが、こういう、生命を尊重せぬ立法を行った自由党の引継ぎであるような現在の自民党に生長の家は応援するものではないのであります。ただ自民党のなかにも民社党のなかにも、こういう生命の不尊重に対して敢然として反抗して立つだけの廉潔《れんけつ》さと勇気とをそなえている人々には、今後の参院選挙や衆院の総選挙にも応援してもよいと思っているのであります。

産児のウブ声は聞いたが、そのウブ声が耳についていていてノイローゼになっているという婦人の例はさきにも挙げたのでありますが、婦人の感情はデリケートなものでありますから、ウブ声はきかないでも、単に人工流産するだけでもそれは反自然の行為でありますから、妊婦の感情に（その婦人が低能児か、特に残虐冷酷性情で自分の宿した子供の死を何とも思わない鈍感な異常者である場合は別でありますが）痛々しい精神的傷を与えることになるのであります。後に実例を示すごとく、人工流産でなくとも、単に優生手術（今後妊娠しなくなる手術の意味らしい）を受けるだけでも、非常な精神的ショックを受けて悩むのがデリケートな女性の感性なのであります。

単に数量的な人口問題や、食糧問題だけの理由のために、女性の天性を無視した堕胎や優生手術を公許するということは、横暴な男性をしてますます女性を〝性の快楽のための道具〟としてのみ取扱わしめるに至り、男性の〝性快楽の道具〟としての役目さえつとめたら、その〝母性〟は保護しないでもよいというような立法になっているのであります。この点からいえば、女性の人権尊重と堕胎公認や避妊奨励とは平行して両立することはできないことは明かです。女性が単に優生手術を受けるだけでも、〝母性となる権利〟の剝奪《はくだつ》でありますから、どんなに悩むものであるかは、次の実際の手紙を見て下さい。

『御免下さい。一農家の主婦でございます。同村の誌友の方に「生命の實相」「生長の家」等種々御本をおかり致しまして読ませていただきました。感ずるものがありまして、早速誌友に加えていただきました。今にしてみれば実にお恥かしい事でございますが、昨年七月に優生手術を致しました。その節どうした事か気が進まず、でも主人の言葉にしたがいました。（注・男性横暴、女性の人権蹂躪、母性剝奪、これによって此の女性は良人の単なる性的玩具となったのである）がそれが後悔されて、しなければよかったとの心がどうしても離れず、そのために日夜悩み苦しみ、夜もねむれなくなってしまいました。一時は気がいらいらすることがとてもひどく、今にも発狂するのかと思われることがたびたびありましたが、母の勧めにより信仰に入りましたが、少しは落付いてきましたが、相変らず、気がいらいらクシャクシャとして来て（少しは軽くなりました）いつもいつも気にかかり、気にかけようと思わなくとも、その症状が来て、どうしても心が集注して、またもや思い煩って、いろいろな病気の連想作用をさせて、胸が苦しくて、たまらない様になって来ます。そうなると、またもや、「しなければよかった」の心が頭をもたげて、胸が苦しくなり、頭がボーと悪くなるといった風に輪を描いて苦しみます。むりやりにおさえた心は、又芽を出す時が来ると思い、「真理」のみ教えに深く感じました。でも病気でしたら、悟りによって消えますけど、一度手術をした事は、如何に祈れど願えど元の姿にはならないと思えて仕方がないのですが、どんな悟りに、どんな神想観によって、想念をかえて行く事ができるのでしょうか。（自分ながら何故想念をかえる事ができないのかと腹立たしくなります）どうしてもサッパリした明るい気持になれず、生涯こんな事かしらと失望してみたり、このお道によってお救いを受けねばどうにもならないと思ってみたり、一種の精神病でしょうか。こんな、もんもんとした苦しい日々を過しています。思いあまって御相談申し上げました。主人は信仰をあまり好みません……。』

私はここに母性を蹂躪された切々たる女性の悩みをきくのであります。堕胎や優生手術ということは人口問題や、食糧問題からばかり論ずべきものではないのでありまして、母性尊重の意味からも、そして「妊娠を目的としない性交」を男性から強いられるとき、彼女は、ただの男性の快楽のための性的玩具として強制されることになり、そこには「人権の尊重」ということは見られぬことになるのであって、そうした場合、妻が良人の要求に応ずるのは、良人から生活費をもらっているという女性の従属的経済関係から来るのであって、この点からいうならば、家庭の夫婦関係においてさえも、「妊娠を目的としない男性の快楽のための性交」が強いられるならばそれは「経済のために性を売る」売淫と何ら異ることがないのでありまして、私の考えでは「経済的圧力によって女性の母性たる権利を尊重せず、単に男性の性的快楽目的のためにのみ女性を使用する」ことは売淫であると思うのであります。もしこの定義が正しいとするならば、堕胎や避妊の奨励は結局、男性の快楽目的のために売淫を奨励するということになるのでありまして、まったくヒューマニズムに反する行為で、どこにも民主主義は見出すことができないのであります。

中野侑篤さん。堕胎（人工流産）は既に小なりといえども人間の形にまでなった生き物の殺戮《さつりく》でありますから、法律上は如何にともあれ、殺人であるに相違ないのであります。だから、それを行った女性の精神的悩みというものは非常なものでありまして、昭和三十一年四月二十六日東京版の朝日新聞には千葉医大の医学部教授柳沢利喜雄氏が「学界余滴」欄に次のような一文を寄稿しておられるのであります。儲けるためには喜んで人工流産を引受ける産婦人科医が多いときかされているとき、このような良心的な医師もおられるということを知り、心強い感じがしましたので、その一部を御参考に引用させて頂きます。

♣医師と宗教

『汽車の中である中年の婦人が隣りの婦人に話かけているのをきいたことがある。結局、その婦人はやはり病弱だったが、いわゆる新興宗教というものの救いでいまは達者で幸福な生活が出来るということだった。その婦人の病気の原因は、かつて中絶した胎児のたたりだったとのこと。それが信仰生活によって健康になれたのだと信じているらしかった。

「ほんとなんですよ、事実ほど確かなものはないでしょう」と、念を押して話していた。

この問題を分析して考えさせられたことは「事実ほど確かなものはない」というこの婦人の素朴な、しかも足が地についた確信である。そして多分かつて病弱だったこと、いまは健康が回復したことはうそではあるまい。この場合に事実の意味づけがどんなに間違っておっても、病気という深刻な現実が解けている価値は否定できない。「新興宗教には困ったものだ」と憤慨する前に、だれが新興宗教の門へ大衆を殺到させているのかを考えたい。

たとえ胎児とはいえ、人間の尊い生命を、人口問題対策という美名のもとに、法律の保護下で堂々と中絶を許している。しかも年々その数は百万胎をはるかに上回る。だがこのやるせない母親たちは、一片の法律で、その魂の悩みが解消できているだろうか。

医学教育にたずさわる自分として医師に欠けた何物かがあるように反省される。宗教に無関心のことを知識人の誇りと考えている同僚も見受けられる。一体それでよいのだろうか。』

それでは産児調節は全然まちがっているのであるか、人工流産は無論のこと避妊による計画妊娠とか家族設計というようなことも悪いのであるかという質問も、諸方から来ているのでありますが、堕胎と避妊とは罪の軽重において非常に相異します。家庭において家族設計の為の計画妊娠をするということは、それは妻たる女性が喜んでその計画に同意する場合には、それは妻の人権の不尊重ということにはならないと思います。しかし結婚せざる男女が単に快感を目的として、後の始末を回避する為に計画妊娠をする場合には、それは必ずや、性道徳の頽廃を来すことになるのは明かでありますから賛成するわけにはゆきません。

計画妊娠が夫妻同意して家庭において行われる場合、その避妊の方法にはいろいろありますが、器具や薬品を使ってそれを行うのは、快感目的のために一時的ではあるが、〝母性〟の回避でありますから、やはり不自然行為として、多少の精神的及び肉体的弊害を伴うのでありますが、これを性交回数の節制によって計画妊娠を行うのは道徳的にも一向差支えないのであります。

すべて本能というものは、人智の発達したる人間においては、それを智慧によって節制することによって、正しき節度を得るのであります。食本能でも食欲にまかせて、これを濫《らん》用するときは、胃腸を害し健康を害し栄養のための食事が栄養に反することになるのであります。性本能もそれと同じで、結婚した夫婦であるからとて、本能にまかせてこれを濫用するときは精神的にも肉体的にも害を及ぼすのであります。そこで回数の制限ということが食本能において食事の回数に一定の秩序があるがごとく、性本能においても一定の秩序がなければならないのであります。

それで子供を生みたくない人は夫婦でも性交しないで節制を守るべきで、これが最も道徳的な避妊法であり、性本能は食本能とは異り、それを満足しないでも健康を害することはなく、それを蓄積しておくことによって、精力を内に持続し、老衰をおくらせ、仕事の能率を高めるなどの長所があるのであります。そして子供の欲しい時に排卵の時期をはかって性交をする、これが最も道徳的であります。

しかしそんなに巧みに、欲しい時に子供ができるかという人がありましょうが、子供は天授のものでありますから、そう自由自在にはゆかぬことがあり、時には例外というのがありますが、或る日の白鳩会において磯さんという人が、荻野式計算法の受胎日というのが、月経開始と次の月経開始日との中間（二十八日循環の人は予定月経開始日の十四日前）に卵巣から排卵がある。その卵が数日生きている、その前後数日間が受胎期で、その期間に性交を避ければ概《おおむ》ね妊娠しない。そして、男性精子がすでに卵よりも先着して生きていて、あとから排出される新生元気な卵と結合する場合には男性の胎児となり、すでに排卵のあった後で、卵の生活力がやや衰えたときに、精子の新鮮元気なものが到着して結合する場合には女性となるという説で、これはある医者の唱えた説であるが、それを磯さん自身が実践してみたら、欲する性別の子供が生れた。そして数人にこの学説を紹介してあげて実行せしめたら、それがことごとく、次の妊娠には欲する性別の子供を得たといって礼を言われたということを発表されたのであります。

磯さんは、これに対して私がどういう批判を下すかという質問をその席でせられたのでありますが、私は或る期間を定めて節制することによって産児を調節するのは宗教的になんら差支えないが、妊娠は神秘であるから例外はあり得る。荻野式排卵予定日の前後に於ける夫婦の交渉によって男女性が自由に選ぶことができるという説は、数人の実験で成功しても単に数人だけでは科学的とはいい得ないので、今直ちには結論を下せないが今後の研究を希望する旨回答したのであります。しかし、ともかく、それを実験した数人が数人とも自己の希望する男女別の子供を得たのでありますから、男の子または女の子と指定して子供を得たい人は実行せられても差支えないと思います。いろいろあなたの御手紙に対して感ずるところを述べましたが、紙数が尽きましたので今回はこれでこの返事を終ります。

肉食は子孫にも影響を及ぼす

♣幼時の食習慣の惰力について

多くのクリスチャンが愛を説きながら平気で肉食をする。私がアメリカで見たところでは宗教界の大物といわれるような有徳の人々と会食しても、その有徳の人が、鶏の骨のついた太腿の肉を、その骨を手でつかみながら、食するのに少しも〝憐《あわ》れみ〟の感情などは感じていないのであります。食物というものは、幼時からの食習慣で、それに対する感情が左右せられる。幼い時から動物の肉を常食する習慣をつけられると、それを〝殺生〟だとは思わなくなり、豚や牛や鶏は、神さまが人間の食物として与えられたものだと考えて、その幼児が成長して牧師や僧侶になってからも平気で殺してたべるようになるのであります。しかし〝神は愛なり〟というクリスチャンの根本精神に対して、それでよいものかと考えさせられるのであります。わたしは『神を審判《さば》く』の本で、これについて色いろの問題を提起しておいたのであります。

♣人工中絶をすると中絶された子供の霊の怨念が来ることがある

まだ東京の赤坂で花嫁学校を開いていた頃のことでした。私は毎日午後一時から花嫁学校の生徒に（一般人、傍聴自由）講義をしてから、あとの三十分間、一般人の人生の悩みに対して解答することにしていました。舞台の前方に出て坐ると、畳敷きの講堂の中央が劇場の花道のように板敷きになっていて、私に人生相談をしたい人が、その板敷を通って、私の前に坐って質問することになっていたのであります。一人の四十歳位の婦人が進み出て来て、「先生、私には一人息子があるのですが、中学三年ですが、なかなかわたしの言うことをきかないのです。私が愛情をもって話しかけても、すぐ目をつり上げて反抗の表情をして、私の言うことの反対ばかりするのです。学校でも先生に反抗するらしく、先生の手に負えないから全体の生徒に悪影響を及ぼすというので、〝退学処分〟というのではないけれども、どこか他の学校へ転校させてもらいたいと先生に言われまして、今ではその中学を退学しまして、父の知り合いが校長をしている中学へ校長の好意で入学させてもらっているんですけれども、相変らず私には反抗ばかり続けていて私のいうことをきかないのです。先生、どうしたらこの子供がおとなしい素直な子供になってくれるでしょうか、教えて下さい」というのでした。

「あなた人工中絶したことはありませんか」とわたしは訊《たず》ねた。

「いいえ、そんな事はありません。一人子なんですもの。もう一人は是非欲しいと思っているのですもの」

「人工中絶をすると、その中絶せられた子供の霊魂が親に反抗心をもっていて、それが息子の心に反映して、その息子が反抗心が強くなったり、手に負えない不良児になることがあるんですよ」

しかしこの奥さんは、本当に人工中絶はしていないらしいのである。

それで私は言った。「そのお子さんは肉食が好きじゃありませんか」

「大変好きなんです」

「ほほう、やっぱりそうですか。肉食だって堕胎だって大なり小なり同じことなんですよ。生きていたいものを自分の生活の都合で殺す。やはり怨念の反抗が何らかの形でその家庭にあらわれてくる」

「だって私が牛や豚を殺すんじゃないんですもの」

「それがずいぶんずるい言いのがれなんです。ひとに殺させておいて、自分たちがその肉を食べて、自分は直接手をくだして殺生したのではないから、それは殺生の罪を犯したのではないと言う。そういう事は〝閻魔《えんま》の庁〟に言って弁解しても通用しませんよ」

「〝閻魔の庁〟なんて本当にあるんですか」

「〝閻魔の庁〟というのは擬人的に神話的にいったのですが、大自然を支配している〝因果の法則〟のことですよ。現にその法則があなたの家庭に判決を下している。息子さんは不良じみて、短気で、反抗心が強いというのがその法則の判決の結果ですよ」

「因果の法則って本当にあるんですか？」

「因果の法則とは原因結果の法則です。原因をつくればそれ相応の結果がでてくるのです。その法則が、それぞれの人々の〝行い〟や〝想い〟に対して判決をくだすのです。法則の判決であって、何も閻魔大王の判決ではありません。その判決の結果があなたの子供の状態ですよ」

「ところで、あなたの御主人も肉食がお好きですか」と私はたずねた。

「いいえ、私の良人は聖人君子みたいな立派な人でして、肉食は殺生だから食べないと言って、菜食ばかり食べているんです」

「それなのにあなたはなぜ、息子さんに肉食をさせるんですか」

「子供は発育期なんですから、栄養ある食物を必要とすると思うのです。先生、もう大人になってしまって成長をする必要のない良人とは別じゃありませんか」

「あなたは肉食を栄養食と考えておいでですか。それは全く間違った考えですよ。無論、動物性蛋白質は良質の蛋白質だという栄養学者もあることはあります。けれども、一度ある特定の動物の肉となった蛋白質は、その動物としての個性ある特殊の複雑な組織をもっているのであって、牛肉を食ったからとて、その肉蛋白質がそのまま人間の肉になるというものではないのです。牛肉を食したら、〝牛〟という個性ある特殊な分子結合をしているから、その特殊な個性ある組織を破壊して一ぺん、単純な蛋白資源に分解してから、人間の肉体の蛋白質になるように組立て直さなければならない、その複雑な過程において、完全に分解し切らない動物蛋白、そして人間の肉体の蛋白質になり切らない動物蛋白が体内で腐敗して毒素に変ずる。それに加えて、動物の肉の中には殺された動物の恐怖心や怒りの心が因《もと》になって分泌された、劇毒性のホルモンが残留しているのである。それらの毒素が人間の脳神経組織を刺戟したり、麻痺せしめたりして人間を短気にしたり、物の考え方を歪めたりするようになるのです。仏教の高僧が肉食をしなかったり、仏教そのものが不肉食戒《にくじきかい》を保っているのは肉食が心を正しく持続する邪魔になり、修行を妨げ、精神を惑乱せしめる悪影響を与えるからなのですよ。精神の穏かな落ち着いた青年に子供を育てようと思ったら、なるべく肉食をとらせないのがよいのです」

私はこんな話をしてから、

「御主人が菜食主義で菜食を主としておあがりになるのに、息子さんだけに肉食を料理なさるのを御主人は黙っていらっしゃるんですか」と訊《き》くと、

「最初は機嫌が悪かったんですけれども、今はもう、私が良人の言うことをきかないで肉食の料理をするものですから、良人はもう諦めたとみえて近頃は何とも言わないです」

「御主人にしてみれば、そんな自分の意思に反する食事を子供にたべさせているのを見るごとに、不快な気持を起していらっしゃるのですよ。それで息子さんがあなたの言う事をきかないで不良じみてあなたに反抗するという理由がわかりましたよ」と私は言った。

「その理由というのは何ですか?」

「子供は親の心の鏡と教えられているでしょう。あなたが良人の言う事をきかないで良人の心に反抗して子供に肉食をさせる。すると、その子供が貴女の言う事をきかないで反抗する。因果はめぐる。原因はやっぱり貴女自身の心にあるんですよ。良人を甘く見て自分の我《が》を通していると、子供が貴女を甘く見て子供自身の我《が》を通すということになるのですよ。あなたがもっと良人に素直に、何でもハイと従う気持になってごらんなさい。あなたの子供もあなたにハイと素直に従う子供になりますよ」

♣肉食は不良食品であって高級食品ではない

以上は戦前の話であるけれども、近頃はますます肉食が奨励せられ、肉食を高級食品だというような宣伝が政府筋からも、また民間のマスコミなどからも行われているのは悲しい事である。「日本人の食生活は戦後、次第に高級化して、野菜食よりも肉食のパーセンテージがふえつつある」などと、淡々とした語調で、肉食が高級だという理由も何もないのに、それが、当然の公理であるかのごとく新聞に書かれたり、ラジオ、テレビで放送されたり、テレビ料理の放送でも、新聞・雑誌に出て来る「献立表」を見ても、大抵肉料理が多いのである。

それは全く、人間の皮をかぶったライオンや虎の割烹《かつぽう》教室を見るような感じである。こんなことで、全世界に平和がおとずれるなどと考えるのは、途方もない幻想である。第一のものを第一にしなければならないのである。平和を欲するならば、まず自分の心の中に「殺生戒を犯して肉食するのは断じてやめよう」と決心してそれを断じて実行することである。

動物を殺さずに生きられるか〈青年との問答〉

♣動物食の問題と〝観〟の転換

新見　動物食と観の転換について先生にお伺いしたいと思います。私たちの本性として、動物食をとるということは悪いことであるという何かしら、そういう念が、私たちのうちに宿っていることは、誰しも感ずることだと思います。私達の生活が、愛すべき兄弟の血の上に成り立っている生活だという事実を私たちの本性が喜ぶことができないからだと思います。しかし谷口先生は私たちに〝観の転換〟ということをお教え下さいました。〝物質は物質にあらず、動物食は動物食にあらず〟という新しい観方でありますが、一方、谷口先生が私たちに愛の世界を教えて下されば下さるほど、動物食をとる時には、この兄弟である生物の死の魂が私の胸につきまとって、安心して食べることができない状態であります。しかし一切動物食を口にしないということになれば、現象にとらわれ、物質にとらわれ、食物として現れてきているところの神の愛を素直にうけ入れるところの生長の家の生活とは、およそひどくかけ離れたものになるんじゃないかと恐れるんです。それから、郷里へ帰って親許へゆきましたとき、母がおみおつけをつくって下さいましても、やはりその中には動物性のだしこが入っております。動物性のだしがはいっているというのでおみおつけも食べられないということになりますと、せっかく私たちのために、温かいおみおつけをこしらえて下さった母の愛念を殺すことになるのじゃないかと私は考えます。けれども、またもう一つ深く入って、それじゃあ菜食をしておればいいかというと、菜食と言っても、野菜をつくる人はやはり動物食をしている人が多いと思うんです。やはりそういうことになれば私たちは、その動物食を食べて生命を維持する人の手によってつくられた野菜を食べるということになりますと、それはひとに〝殺生〟という悪いところだけをさしといて、自分はそれを頰冠《ほおかむ》りしてその甘い汁をすするような、なお一層ズルイ悪徳のような気もいたします。けれどもまた、私たちの心が、実相の世界に没入してしまうと、その調和した状態が現象の世界にも現れてきて、私たちが動物を食べないでも、生きてゆく世界が到来しなければならないと思います。私たちが実際にこの世界にそういう状態が現れておらなくても、私たちが一人でも、一人からでも、結局、そういう殺し合わない世界をつくらなければならないと思います。しかしそういうことになれば、周囲の愛念を殺す結果になりかねないので、その間《かん》の矛盾に非常に悩むわけでございます。

谷口　誠に純粋で切実な青年の浄らかな反省に敬意を表します。なるべく植物食を食べるようにしたいけれども、いろいろ実生活上の摩擦とか矛盾とかいうことができてくるんだが、それをいかに調和し、工夫していったらよかろうかという意味の質問なんですね。昨日、インドのボンベイにおられる交通公社の仕事をしていらっしゃる方が、僕に面会を求めてこられたのです。パリックさんといわれる人であります。これはこの前日本にこられたラムダスというインドの或る宗教の教祖の信者なのであります。ラムダスさんとは一緒に皇居を拝観にいって、お世話をしてあげたことがあるので、電話がかかってきたとき、ラムダスさんがまた来て僕に会いたいといっているのだと取次が聞き違えて、〝お目にかかる〟と言って待っておったら、ラムダスさんの名刺をもって、そのパリックさんが来られたのでした。その人は、絶対菜食であります。ラムダス教祖も絶対菜食である。前に日本に来られた時にラムダスさんを係りの者が案内して或る食堂で一緒に食事をしたそうですが、絶対菜食で、じゃがいもみたいなものを、手でつまんで食べるんです。もっとも手は清らかに清めてから食べるんですが、絶対菜食で、もうこれは生きものに対する愛を実践するという覚悟をもってやっておられる。しかし、その覚悟が徹底し〝この人はもう絶対菜食だ〟と人に知れわたったら、そのつもりで食事を出して下さるから、決して人の迷惑にはならない。むやみに料亭で高価な饗食《きょうおう》をする必要もないので、かえって人に負担をかけずにすむこともある。

『生命の尊重』をおかきになった小牧久時さんも、やっぱり絶対菜食を実践しておられる。最初はあなたと同じように、動物性のだしの入った味噌汁をこしらえてもらっても、母親に、〝これは食わん〟といったら、やっぱり母親の愛念を殺すであろうというので最初は遠慮していられた。小牧さんは幼い頃から身体が弱くって、痀瘻病《くるびょう》のような体格をしておられたのでありますから、親としては、何とか肥えさして立派な体格になるようにというので滋養物を食べさしてやりたいというのが切実なる願いであったのです。それには、動物食で良質の蛋白質をとらせなければならないというわけで、そういうものを食べさしたいのでしたが、本人はどうしても切実に「生き物は殺したくない」という真心《まごころ》が動いているので、親の愛と自分の生き物を殺したくないという願いとの板挟みでいろいろ悩んでおられたのですが、或る期間までは動物食も懺悔しながら食べておられたが、それが、ある日のこと、蚊が螫《さ》しに来ると、誰でもそれを防ぐために本能的に蚊をたたく。しかしこれも生き物を殺すことだからいかんというので、蚊をたたかんことにしたいと考えられて、それから、お母さんにお願いして、あらゆる窓に網を張ってもらうことにした。そして生き物を殺さないという決心を示したのですね。そしてそれから「私は生き物を殺しては生きたくない」ということをお母さんに言われると、お母さんも〝その位決心しているのなら〟というので、それから絶対菜食を許して下さったというわけなんです。それ位に絶対に菜食をしておられるというんですが、それで健康が衰えるかというとそうでもない。生来繊弱なお身体をしておられたのに、絶対菜食でいまでは健康でなかなか精力家だ。大学の先生をしたり、著書も書く。たびたび僕に手紙を寄こされるし、僕だけかと思ったら、始終、世界の思想家にも手紙をやりとりしておられて、インドの菜食世界連盟から招待状が来たりしていた。その精力の根元は菜食にあるらしい。また四国の生長の家青年会の或る人に始終激励の手紙なんか書いて送ってあげておられて、その友情の深いことには感心させられる。その手紙を四国のその青年から、小牧さんからこんな手紙が来たと感激して僕の方へまわしてきたこともある。日本教文社の田中忠雄さんにも時々手紙を書いておられる。それから新聞の三面記事を見て、「ああこの人は可哀想な人だ、宗教で救ってあげたい」と思われると、その人のところへ手紙を添えて生長の家の雑誌をおくられる。すると、これが機縁となってその人が救われる、こうして陰徳を積んでいられる。実にこの人は感心な人だと僕は思っているんです。ともかく、こうして徹底してしまうと、「この人は感心な人で、絶対菜食なんだ」と知人に知れ渡ってしまうと、宴会によんでも、この人が動物食を何にもおあがりにならないでも、特別の待遇しないでもよいと分る。それで自分は菜食主義だといっても、別にたいして人に迷惑をかけないですむ。そこまで徹底することが必要なんですね。けれどもそこまでいくまでは、ちょっと摩擦がおこってくるわけですよ。そこまで徹底できない人は、やっぱり仕方がないからへりくだりの心をおこして、その犠牲になる生物に対してお詫びをし、感謝をしていただくということになさるといいと思いますね。しかし、一番大切なことは、その食べられる犠牲になる動物に対してお詫びをすることよりも、自分の生活がどちらを向いているかということが大切なんです。自分というものがいつも人を救うために愛を実現するために、生活している人であったならば、その人に食べられてその人の生命の中にとけこんで人を救うエネルギーになるということは、その犠牲になる食物も間接的に人を救うていることになるから、その動物の魂も救われるということになる。この事が肝腎ですね。ところが、その人がただ利己的に生活するために自己の身体が肥えるために、あるいは達者になって、性欲をみたすために、その生物が犠牲になって食べられるのだったら、その犠牲になった動物は救われないということになる。だから先ず第一に必要なのは、自分の生活がどちらを向いているかということ、すなわち、利己的生活をしているか、愛他的生活をしているかというその根本を決めることが必要ですよ。

こうしてその人が、人を救うための公《おおやけ》な生活を本当にするようになったら、今の小牧さんのように植物食をやれるような人なら一層よいけれども、まだ実生活上いろいろの摩擦が残っておって、絶対菜食をすることが、かえって他の人の愛念を殺すことになると考える人は、その愛念を殺さんように時に応じ場所に応じ対人関係に応じて動物食をとりながらでも、その食物に感謝をして、

「この食物をいただきますからには私の生命を人類を救うために働かして頂きますから、どうぞ私と一緒に人を救って下さい」

と祈りながら食して、その生命を実際無駄に使わないで、人を救うために使えばよいと思います。

♣肉を食べても、食べていない弘法大師

新見　弘法大師が信者から供養された猪の肉を食べたところが、山伏がそれを追及して生《なま》臭坊主《ぐさぼうず》だと言って罵《ののし》った。すると弘法大師が「そんなら、それを吐き出して、どちらが猪の肉を食ったか証拠しらべをしよう」というので、互いに食べ物を吐き出して見たら、弘法大師の胃の中には猪の肉は入っていなかったというお話がありましたが、それは結局……。

谷口　弘法大師の生命というものが人を救うためにですね、人を救うために働いておられるから、人を救うために働いておるその仏の慈悲の中にとけこんだら、食ったように見えとっても、外から現象的に見たら、肉食をしたように見えとっても、慈悲の中に包まれてしまっているんだから、食っていないということになるわけですよ。その事実が、弘法大師が食べたものを吐き出したら、猪の肉は食っていなかったのが証明されたというような奇蹟として現象化して現れたということになるのですよ。

新見　しかし、その動物を殺したという事実は結局、どこへいくわけですか。

谷口　動物を殺した業《ごう》は？　それは殺した人が殺したので、弘法大師が殺したのじゃない。弘法大師は殺された肉を摂取して、それを人を救う仏の生命に代えたんだから、それで成仏

したということになるのです。

新見　しかし、その場合に直接手をくだしたのは弘法大師ではなかったけれども、動物を殺すという悪業を人にさせておいて、その殺したものを、私が殺したんじゃないというわけで食べるってのは、なお一層大きな罪ではないでしょうか。

谷口　「殺し」は心の中で行われる。「殺す意志」によって殺した場合は、それが業として循環するが、「殺す意志」のない場合にはその業は循環しない。これは「ケイシイの宿命通の霊読」によっても報告されています。「殺す」ということは「心で殺す」のである。「殺す」ことを認めると、殺すことになるから、「殺す」のを認めて罵っている山伏が吐き出した食物の中にかえって「猪の肉」があった。弘法大師は心の中に殺す事を認めていないのです、「殺す」という具体的現象は「殺す」という心の具象化であって、実相には〝殺す者〟も〝殺される者〟もない。弘法大師は実相ばかりを見て自分に対して愛念を持って捧げられた仏の生命《いのち》を見、そして、それを感謝して受けとるということにせられたのであって、「殺した」という現象を見ていられるのじゃない。実相のみを見る者には「現象は無い」のです。弘法大師は殺すという現象を心で把《つか》まえていない。だから、大師の心はただ生かすことだけを把まえているから、大師には殺生はない。この事は三界唯心の真理、一切は心の世界なので、具体的に「殺した」とか、「殺さない」とかいう「具体」とは実は「心の具象化」であることがわかれば、「殺生」をみないで、「殺生なき実相世界」ばかりを見ている大師には殺生がなかったということがわかるはずです。

♣泥棒から供養されたらその供養を受けるか

谷口　僕が君のように真剣に道をもとめて一燈園にいて托鉢《たくはち》（勤労奉仕）しておりました時分にも、それに似た問題で考えさせられたことがあった。相竹《あい》次郎という人が一燈園の当番をしておって、僕が京都の河道屋という「そばぼうろ」（菓子）を焼く店で托鉢をしてから、一緒に托鉢していたその相竹次郎さんと一緒に鹿谷《ししがたに》の一燈園へ帰ってゆく道で、僕はその相さんにこんな話をした。

もし一燈園の同人が泥棒の家へ托鉢にいって、その泥棒から「食」をめぐまれたとしたら、それを受けるべきか。それを受けたら泥棒の分け前をもらったことになり、自分も泥棒にはならないだろうかという話をした。托鉢というのは、一燈園では、簡単に言えば、奉仕にゆくことを托鉢するというのです。どこへでも招《よ》ばれるところへいって、「してくれ」と言われる仕事をして、その仕事をさせていただいたその日のお食事の供養だけをいただいて、そのほかの何物をももらわないで、「有難うございます」と合掌し感謝して、自分の宿舎である鹿谷に帰ってゆくのでした。ところがその招んでくれた家が、泥棒の家であって、一燈園の奉仕者の托鉢に対して盗んだものを供養して、食を与えられたとしたならば、その供養された食事を受くべきか受くべからざるかの問題なのですね。盗みをして得た財物を受けながら「これはお光り（神様のこと。一燈園の用語）からいただいた御飯である」と感謝をして食べて、それで本人はいい気持になって帰るけれども、実はそれは盗んできた金で買ってつくった食物であるのに、それを食べて、「神様からいただいたのだ」と自分がいい気持になっておってそれでいいかという問題について、相さんと互いに語り合ったことがあるのです。

あとで、私はその問題を西田天香さんにも訊いたのでしたが、そしたら天香さんの答は「そんなもとまで考えることいらんのですよ」ということでした。「それはたとい過去においてて盗んであっても、その捧げる人が、これを仏に捧げたい。感謝の心を捧げたいというような気持に本当になった時に、三界唯心であって此の世界は心の世界なんだから、浄心を持ったとき過去を浄めるということになる」という意味を言われた。生長の家式に言えば「今」の一瞬の心は現在及び未来を浄めるだけではなく、過去をも変貌することができるということですね。これは「過去は無い」ということでもあり、「過去は〝今〟の一瞬につかまれているということでもある。たといその男が泥棒してもってきた金であってもだね、〝今ここに仏様が出て来られたんだから、仏様に供養をいたしましょう〟という気持になりますと、その「今」の心でそれが浄まってしまうのです。

過去は過去として無い。過去は「今」の中にだけある。だから「今」の心によって変貌する。現象では殺生も泥棒も同じことだ。殺生というのは人の生命をとって、生き物の生命を盗むことであって、泥棒の一種である。もし、過去に盗みをして来たもの、奪って来たものなら、どんなものでも食べられないというように突きつめて考えたら、人間は何一つ食えやしないし、お金ひとつ使われやしない。君の使うお金はどこから持ってきたかということにもなる。それはどの人からまわってきた金かわからんけれども、盗んだやつもあれば、こすい事をして儲けたり、搾取して儲けたお金もずっとまわってきておる。そのまわってくる元《もと》をしらべて、「奪ったもの」は一つも使えないということになると、それは純粋な考え方だけれども、一日も生活できない。しかし、「今」、「今」のみがあるんです。この「今」というのは過去・現在・未来の中の〝現在〟ではない。過現未を超越内在する「今」である。〝過去はない、「今」のみある〟というのはそれなんだ。「今」の瞬間に、一切を浄めることができるのです。今の瞬間に「実相」を見て、〝これは神様の恵みでございます。有難うございます〟と、その実相だけを受取ればですね、そしたらもうそれが〝神様のもの〟になってしまうんだ。それが〝観の転換〟だ。これは〝神様の賜り物でございます。有難うございます〟と素直に神様からの賜物であるところの「実相」だけを拝んで受取る。そこで一切が浄まるんだ。

新見　そういう心境の世界に入りますと、殺した事実もなければ、殺された者もない……？

谷口　……それは無いわけなんだ。また、そうした心境の人ばかりになれば、殺すこともなくなる。しかしその心境に達する途中の人はそうでないもんだから、途中の人が殺したり盗んだりする。但し唯神実相の世界に入ってしまった時には、殺した事実も、盗んだ事実もなくなって、今ここに「実相」のみが出てくるということになるんですよ。

新見　有難うございます。（拍手）

中川　僕は、世界観について抽象的な質問をさせていただきます。世界観と申しましても、これは社会情勢ということじゃなくて、人生観とか宇宙観とかそういうような世界観について質問させていただきたいのです。

私たちは神は法則であり、神は宇宙全体に充満しており、一切が神であるという神一元の唯神論の世界観に立つわけでございますが、で、それに対して一方では、自然科学ですとか、社会科学ですとか、そういうものを基盤とした唯物論の世界観があるわけです。で、ふつう従来の科学者としましても、自分たちの仕事の上ではいろいろ経験とか、実験とかいう土台にたった、そういう認識の上に立ったものでなければ認めないということを主張致しますけれども、こと世界観とか、世界像をおしたてるということになると、何かそこに不可思議な力とか、神秘的なものを認めなければならないような、そういう世界観を持っていたのが従来の科学者でしたけれども、今日、それに対して積極的にですね、唯物一元の世界観をつくりたてようとする傾向があらわれていると思います。

従来の科学者でしたら、背後に神秘の世界を何となくみとめる一種の二元論的世界観を持っておったものですから、別に大して気にもならなかったのですが、今はそうではない。ここでちょっと引用させていただきますが、フランスの小説家で、医者でもありますジョルジュ・ジャネルという人の『希望号の人々』という本がありますが、〝希望号〟というのは船の名前なんです。大体このジョルジュは科学者でもありますから、〝未来の世界〟というものを、その小説の世界にいたしまして、そういう仮定の上に小説を書いたのでありますが、まあその小説の筋は別といたしまして、その中に、こういう話があるのです。

　作品中の一家は全部科学者ばかりでございまして、おじいさんがこの小説の主人公で、有名な植物学者。息子たちもみんな科学者。長男は大学の教授をやっておる。まあこの人達がある日の夕食の時、その科学者のおじいさんが孫達にいってきかせるのに、自分が昔飼っていた鶏で非常に神経質な鶏がおったが、その鶏はいつも何か心配しておる。たとえば、〝自分の生む卵はとても殻が弱くて、ひよこにかえるまでに殻が破けてしまわないか〟という風に神経衰弱になるほど非常に気にしてる。だもんですから、その鶏がおじいさんにどうしようかと相談したところ、おじいさんは、〝それじゃ固いものを食べるように〟と、そういうことを教えて、しかもその鶏に庭を自由勝手に歩くことを許してやったというんです。そしてその鶏がなるべく固い石灰質のかけらとか、ガラスのかけらとか、そういうものを盛んにとり入れて、いよいよ卵が生れたら、今度はちょうどプラスチックの皮をかぶったような、実に丈夫な卵が生れた。で、その鶏はとっても喜んで二十一日の間温めている。ところが、孵化する時がきて、ひよこがこつこつつつき始めたが、さあ大変、卵の殻が固すぎて割れないというので、その鶏は慌《あわ》てておじいさんの所にやってきて、卵の殻を割ってもらうようにたのんだ。おじいさんは早速きりとやすりを持っていって、それで鶏の卵をきりで揉《も》み、やすりをかけて上手に卵の殻を切り開いて中のひよこを死なないように引き出そうとしましたが、卵の殻を切り開いたときには、中のひよこは、つつき疲れて死んでしまっていました。そこでその親鶏は大変悲観してしまって自殺してしまったのです。

この話をしてから、おじいさんは、「世の中には法則というものがあって、それをわきまえないでむやみに自由に振舞うことはいけないんだ」と孫たちに、そのお伽話《とぎばなし》を例にとって、夕食の終ったひとときに人生の心得というようなものを孫達に話してから、「さあもう寝なさい」と孫達を寝床へゆかせた。そのあとで、息子の科学者たちが「おじいさんもうそういう話はしないで欲しい」というんです。「これからの子供たちは、貴方方でそう呼んでいる良識の法則とか、宇宙の秩序とかを積極的に破壊する使命を持っているんです」とこういうことをいったわけです。

これは作者のジャネルの思想ではないと思うんですが、ただジャネルが小説家としての直観でもって、現代行われている科学のあゆみから、何かそういうことを直観して小説に書いたと思うんです。そしてこういう物の考え方ですね、我々が法則とか良識とか、それから秩序とか、そういうものに対する積極的な反抗といいますか、そういうものが現れているような例えばオパーリンは、私はオパーリンの説は詳しくは知りませんけど、生命は物質であるという。そういうことをはっきり言っているとか申します。

そして現代、我々が尊重しなければならない生命も物質的な扱いを受けていて、例えば鶏とか豚とか、そういうものの飼育方法にいたしましても、工場において生産過程に行われるような、そういうようなことを行って、鶏にその夜昼なく、夜は螢光燈でもって、皎々《こうこう》と照らして、夜昼なく餌をくれて餌をついばむようにし、しかもその餌もいろいろ科学的に研究し、配合飼料だのをくれて、その鶏をどんどん肥《ふと》らして、人間の肉食のために、豊富に柔かい肉をうるために、鶏の神経が昂《たか》ぶらないように音楽を聞かせるとか、そのほかいろんな工夫をして、たくさん、短期間に鶏の肉をつくって、一定の目的に達すると、どんどん殺して、それを肉にしてしまう。まあそういうような旧来の「生命尊重」の考え方からして、これは実におそろしいようなことが行われておるというような、そういうようなことは、生命を尊重しないというだけじゃなくて、世の中全体が機械主義的な、高度な機械文明の発達、物質文明の発達というものによって、何かその機械的な動き、人格というものでなく、人格が逆に機械的なものに影響されているというような、そういう世の中が出現しているように見られますし、そういう時にあたってわれわれの唯神的な物の考え、唯神的な、人生の見方をもっている者は、もっとはっきり強く信念を固めなければならないと思うんです。

それでいながら、また、こう発達してきた機械文明——物質文明というものを、我々の今日の日常生活からは無視することができない、できることならばそういうものもどんどんと り入れた方がよろしいように思います。この場合の自分達の態度についてはっきりした信念を持ちたい。これは信念の問題だと思うんです。片方でもって、そういう物質文明というものが非常に発達し、その機械文明が発達してくる。それに対して我々はどんな信念を持って対処すべきか、ということについて……。

谷口　機械文明が在来の倫理的秩序というものを破壊する方向に科学が進歩しつつある……それでどういうのです？　その次の質問はどうなんですか。

中川　そういう時代に抵抗する態度をとるといいますか、そういうふうな今日まで発達してきたものを、無視したり、またそれを逆な方向にすすめたりすることはやっぱりよろしくないと僕は思います。

ここまで文明の発達してきたものは、我々の生活の上でやっぱり利用していかなければならないと思いますが、その際の自分達の唯神論的な物の考え方で、それに対処する態度ですね。それに対処する場合に、我々が信念というものをはっきり摑んでいないと、結局自分自身も機械化されてしまって、人格も何もないような、そういう生活に流れていってしまう。

世の中全体がただ盛んに活潑《かっぱつ》に活動しているようでありながら、そこに何かこうとても漠然とした、なんの目的もないような、殺伐としたものだけが感じられるように思うんです。

谷口　科学文明が発達して、人間が唯物論的になり、物で何でも支配することができるというような錯覚をもって来、物質で生命がつくられるなどと考えて、生命を霊的なものと考えないで、ただ「物質の生産物」だという考えから、生命尊重ということが失われている。

例えば鶏の生命でも職業的に孵卵器で大量生産する。それをただ殺して食べるために、食用鶏の製造のようなことをやっている。科学が発達するにつれてヒューマニズムが敗退するという結果になっている。その科学の進歩に逆行せずにいながら、我々宗教人は宗教的信念を失わないようにするにはどうしたらよいかというような質問でありますね。科学の発達は一方において人間を機械化の世界へ追いやり、唯物論の人生観を持たせる方向に進みつつあるというのも一面であるが、その反面、原子物理学が進歩するにつれて素粒子の世界の奥には不可知の世界というものがあるということをみとめるより仕方がないということを湯川秀樹博士もいうようになって来ていて、科学というものは、一方では唯物論の後援者のようだけれども、科学がなお一層発達してくると、結局、神に到達するということになっているとも言えます。その過程として、その途中の科学の観察した結果をいろいろ利用して、唯物論をたくましくする人もあるけれども、一方では宗教がむしろ科学的に立証されてゆきつつあるともいえるわけですね。

こうして一方では食用鶏を製造する事業も発達しつつあるけれども、今まで私たちが蚕《かいこ》のような動物を殺して衣料にしていたのが、化学繊維が大量安価に製造せられるようになって、衣料の方では動物を殺す必要もだんだんなくなりつつあるわけです。カバンなども革製品よりもビニール製品がふえている。食用物資の方でも、同じことが言えるのじゃないかと思いますね。もっと科学が発達したら、人間に必要な良質の蛋白質を、ほんとの生きている鶏を使わないで食用になる良質蛋白質をただ光合成化学によって無機物から化学的に製造するということもできてくるのであって、科学の進歩ということは、人生にとって決して悲観すべきことではない。

ただ科学の進歩に人間の道徳性の進歩が伴わないところに問題があるのだから、今は過渡時代だから、そういうふうになっているんだけれども、科学の進歩と道徳の進歩とが平行的にもっと進歩してくると、生き物を殺さないでも、おいしい食物がどんどんできて来て、争うて奪い合いをすることなど必要でない世界が出てくるんだと思います。

第三部

『生長の家』の観相学

――人相・体質・相性について――

手相よりも人相よりもその人の心である

手相を信ずる人もあり、人相を信ずる人もあり、姓名判断を信ずる人もあり、相性《あいしょう》を信ずる人もあり、方角を信ずる人もあり、年廻《としまわ》りを信ずる人もあるが、〝形〟を信ずれば迷信となり形に左右せられる。そして〝形〟の変化によって自分の運命が縛られるような錯覚を起すことになるのである。

私たちが信じなければならないのは〝形〟の元になっている〝心〟を如何にもつかということである。心を明るくもてば運命が明るくなり、人相も明るくなる。心が、「あらわれの形」に捉えられて自由を失い、心が暗くなれば運命が暗くなり、人相も暗くなるのである。

小人形・逆人形による観相法

♣人間の心は人相にあらわれる

人の人相を観《み》る事を観相学と申します。人の相貌を見てその人の心を占うのであります。そして、心そのものがその人の運命を左右するものでありますから、人相を見れば心がわかり、心がわかれば、その人の運命もわかるということになるのであります。そのことを引っくるめていえば、肉体は心の影ということになります。

人間の心は常に変化するものであります。だからその人の人相も常に変化するものでありまして、怒っているときには地獄の相でありますし、笑っているときにはエビスの相であり、極楽の相であります。しかしまた笑っていても怒っていても、しかしその奥にはその人でなければならない特色ある性格があるのでありまして、その性格というのは一時的な笑いとか怒りとかではない――心が習慣的にある一定の方向にむいているのが性格であります。そこで、一時的な喜びとか悲しみとかいう心の感情をぬきにして、喜んでも悲しんでもいないときにも、ある想いの習慣性が心の底にながれていまして、それがまた人相として象徴《かたち》にあらわれているのであります。

♣生れつきの人相はどうして起るか

また、生れつき帝王になる人相とか、下賤の人相とかいうのがあります。人間はその本質はいずれも、神の生命がやどっているのでありますから、その本質においては平等でありますけれども、何遍も生れかわって来ているのでありますから、過去世（前世ともいう。この世に生れ出て来るまでの前の世）において、いろいろ心に思ったことが集積して、それを習慣性の意業《いごう》として背負って生れて来ているのでありますから、その心の習慣性が人相や体質にあらわれて生れて来るのであります。だから、どんな心をもっていても死ねばそれでおしまいだから、どんな心をもっていてもよいというような自暴自棄《やけくそ》のことを考えてはならないのであります。

だから、ある意味では、人々は、生れつき一定の心の習慣（性格）をもっていまして、その心の習慣にしたがって、一定の人相や体質をもっています。したがって、またその人の運命もその心の習慣にしたがって大体きまっているともいえるのであります。しかし、大体きまっていましても、心は自由に自分の大決心によっては、どうにでも自分の自由になるのでありますから、失望するにあたらない、心の変化にしたがって人相でも体質でも、ある程度かえることができ、修養の程度にしたがっては、大いにかえることができるのであります。

♣人間の本体と霊体

人間が本来平等であるという人間の本性は、図解の中心点にある「神の生命」でありまして、これは万人とも同じ「神の生命」であって、はじめから救われている清浄体であります。それは時間・空間以前の存在でありますから大いさもないので、「点」をもってあらわしました。本当は「点」でもないのですから「点」もかく必要がないのですけれども、何も書か

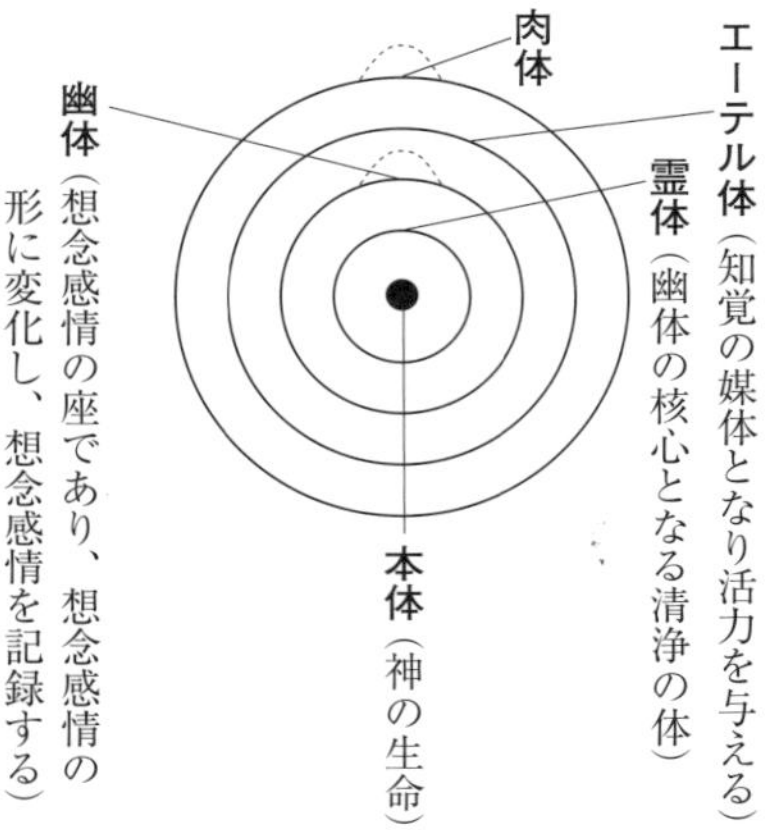

ないと図解はできませんから「点」を書きました。この「神の生命」は生きていますから動くのであります。動くと、ちょうど、池の中へ小石をほり込んだように波のひろがりができるということであります。これは「神の生命」の最初の第一念の直接波でありますから、清浄な、きよらかな「波の体」であります。これを「霊体」と申します。もっとも「霊体」は肉眼には見えません。

♣人間の幽体は想念感情の座として、心の通りの形になる

霊体が第二念（本体からの「直接の心の思い」でなく、霊体だけで独立して、次の念を起したのを第二念といいます）を起しますと、その念《こころ》の波がまたひろがりまして、ある一定の「体」を形造ります。これを「幽体」と申します。「幽体」も肉眼には見えませんが、これは第二念でありますから、濁った部分があるのであります。これは肉体とはちがって、霊妙な霊的原

素でできておりますから、念の通りの形にすぐなるのであります。

たとえば、腹が立ちますと、幽体は凝り固まって図の点線のような形に固く凝り、ふくれ上ります。(「怒る」という語源は、「玉の緒が凝る」ということであります) すると、内部の幽体がふくれ上りますから、その外側になる肉体は、それと同じ形にふくれ上って、腫物《はれもの》となったり、癌となったりすることがあります。顔に皺ができたり、いろいろの斑点《はんてん》ができたりするのも、下部の幽体が、感情想念の座として、その心の通りの形になり、それがその外側の肉体にあらわれてくるのであります。だから、念《こころ》を変化すれば人相はかわるということになるのであります。

♣ヒポクラテスの四液説

大体、前世の業《ごう》(善い業も、悪い業もありますが) すなわち、「心の波の蓄積」によって一定の幽体を得て、それが妊娠すると肉体にやどって肉体の皮袋《かわぶくろ》を着て出て来るのでありますから、(父母の「心の波」の影響もありますが) それによって生れたときに一定の体質や人相をもっています。その体質というのを大別しますと、まず、ギリシャの医聖ヒポクラテスの四液説というのがあります。人間の身体に流れている体液の性質によって人の体質が異るというのであります。そして人間の体質を次の四つに分けました。血液型の発見される最近まで医学者、心理学者も、体質を大別する時には、大抵この四つに分けたものです。

一、多血質――反応が鋭敏で、楽天的な活潑《かつぱつ》な性格で、衝動的に動く性格です。皮膚が紅潮していて鮮かである。

二、淋巴質――ヒポクラテスは、これを湿潤質といいました。粘液質ともいいます。淋巴《りんぱ》液が多すぎるとされています。多血質と反対に反応が不活潑で、鈍重で因循姑息《いんじゅんこそく》である。皮膚は柔軟で青白く、時には赤味が混って霜焼けの皮膚のようである。

三、胆汁質――意志が強く、筋肉質であり、皮膚の色アサ黒く、胆汁《たんじゅう》の分泌が充分で、忍耐力が強いとされています。

四、神経質――感情がデリケートで、感じやすく、神経が鋭敏で皮膚は青白く、キメが細かく、ややともすれば憂欝に傾きやすい。多血質と混っている場合は明るい性格もあります。

ヒポクラテスは夢の中で神に薬草をおしえられて、それを調合して病人に与えてそれがよくきいて医聖といわれたということでありまして、人間の体質を四つに分けた四液説も、霊的なインスピレーションによって思いついたことであるから、現代までも長く通用したことだと思われます。ともかく、右の分類だけでも、一見、人に接した場合に、この人はこんな性質の人だとわかり、病気などで相談を受けた場合、その人の心の欠点の幾分をただこれだけでも適中させて改めしめることができるのであります。

♣顔の輪廓及び鼻を中心としての人相の観方

大体、人相を見ますには顔の輪廓を◯として、これを宇宙をあらわすものとして観察するのであります。人間はそれぞれ神の自己実現の中心として、各人が宇宙の中心でありますから、丸の中の一点⦿を自分として観察します。

「自分」というものは、「自我」とか「エゴ」とかいいますが、これは「何々せんと欲す」「何々したい」という「意志」の力の本体であります。だから、丸の中の中心点⦿に当る「鼻」がその人の意志力をあらわしているのであります。自我意識が鮮明で、「自分」という自覚がハッキリしている者ほど、鼻がハッキリ突き出ているのであります。「自我」が目覚めていない「赤ん坊」や、自我意識のハッキリしない野蛮人は鼻が低いのであります。但し、鼻が突き出しているのは自我の鮮明さをあらわしますが、必ずしも「自我」の強さや「意志」の強さをあらわすものではありません。鼻が高く突き出ていましても、剃刀《かみそり》のように厚味薄く鋭いものは、剃刀と同じように鋭く、人を審《さば》いたりしますが、意志力ははなはだ弱く、剃刀の刃のようにこぼれやすいのであります。自殺などしやすい人はこのような人であります。自意識は鋭いが、意志がそれに伴わない遺憾《うらみ》があるのであります。

鼻は適当に高いのが自我の発達の適当なことを示しておりますが、それはまた適当に部厚くあるのが意志が相当しっかりしていることをあらわしております。鼻の先端はあまり薄刃のように尖《とが》っていないで適当に丸味を帯びている方がその人の人格が円満であります。鼻が顔に接している麓《ふもと》ともいうべき部分がガッチリして骨高くあるのは、その人の意志がガッチリとして、如何にも「断じて動かん」性格、良い意味では意志の強さをあらわしており、悪い意味では剛情さをあらわしておりますから、自分の鼻の形を見て、自分の性格と照し合せて、自分の欠点だと思われる「剛情」さとか「意志の弱さ」などは、これをできるだけ、ため直すようにせられるがよいのであります。

♣その人の知能は顔の形で観察します

顔面についていえば、自分の「意志」を鼻をもってあらわしますと、鼻より上部にあたるところは「知能」をあらわすところであります。額の広い人は、それだけ「知能」のひろいことをあらわしています。すなわち頭がよいのであります。しかし、額が広いばかりでは内容がゆたかであるかどうか分りません。額が後方へ傾斜しているのは、頭の中味がそれだけ少いことをあらわしております。額が後方へ後退していない方がよいのであります。額が狭くても額が後退していないものは中味がゆたかであります。これを知るには、耳の孔《あな》から、額の髪の生《は》えぎわまで寸法の長いものが頭の中味がゆたかなのであります。

♣顔面の下部は愛欲の強さ及び財福をあらわす

鼻より下は「愛情」をあらわします。若山牧水の歌に「鼻の下長きをほこる汝とて斯《か》くもきよくも捨てられつるか」という歌がありますが、「あの人は鼻の下が長い」といえば、女に甘いことであります。鼻より上部は天的なものをあらわし、鼻より下部は地的なものをあらわします。天的なものとは叡智であり、地的なものとは肉的、または物的なものをあらわします。大体、小児のときは大抵、下《しも》ぶくれでありますのは、智慧の働きよりも肉体的働きがまさっていることをあらわしております。肉体的な働きが衰えてまいりますと、鼻より下方すなわち頬が痩《こ》けてまいります。これによっても肉体的な働きの強いものは鼻より下方（顔面下部）が豊かであることがわかるのであります。

鼻より下は、地的なものをあらわしますから、財物も地的なものでありますから、財福がゆたかにできるようになりますと、いわゆる「重役タイプ」というように頬の下部や、顎《あご》のあたりがゆたかになってまいります。顎の肉や脂肪がゆたかについて二重顎のようになりますと、その人は財福にゆたかにめぐまれているか、異性に対する愛情の深い人であることをあらわしております。異性に対する愛情が厚いにもいろいろありますが、必ずしも品行が悪いにはきまっておりませんが、愛欲の深いことをあらわしております。常に花柳《かりゅう》界に出入しつつ大いに金を儲けているタイプにこんな人が多いのです。老人になって頬や、顎が、こけてくるようになると、性的な愛情は涸《か》れてまいります。

耳の孔から、額の生えぎわまでの寸法の長いのが知能にすぐれていると申しましたが、耳の孔から後の方へ寸法をとって後頭部の生えぎわまでの寸法の長いのは、愛欲がゆたかであることをあらわしております。ようするに、鼻は「自我」または「意志」、鼻より上は天的な叡智、鼻より下は地的な「愛情」または「物欲」または財福をあらわしております。この種の人で顔面の上部も発達している場合には、会社または団体の頭目として豊かに財産をつくることができるのであります。

或る人は、顔面の上部の発達している人を「心性質《しん》」の人とし、中央部（鼻を含む）の発達している人を「筋骨質」とし、顔面の下部の発達している人を「栄養質」と分類しています。心性質の人は心が鋭敏に働きますから計画的参謀的仕事に適し、筋骨質の人は武芸者とか、仁侠《にんきようてき》的な仕事に適しているのであります。心性質の人は、哲学者、宗教家、文学者その他の芸術家となるに適しています。栄養質の人は実業家として将来大成する人です。人間を採用する場合に、この人は何の役に採用したらよいかは、こんな点からでも、大体わかるのであります。

♣顔は人間全体の縮図である

顔は人間全体の表情機関でありますから、顔を見れば人間全体がわかるのであります。そして肉体全体は「心の影」でありますから、顔を見れば、その人の肉体全体の形もわかるのであります。

大体、鼻の下から眉の高さまで鼻全体が「わが身」をあらわしております。「わが身」というのは、全身でいいますと、胴体にあたるのであります。

「小人形」観相法

人相を観るのに「小人形《しょうにんぎょう》」観相法と申しまして、その人の顔の中心にある鼻全体を、その人の胴体として、観察するのであります。それは顔全体は心のあらわれであり、身体全体も心のあらわれであるから一致するはずだからであります。この場合は、鼻の下部のふっくらとしたところが、その人のお尻に当るのであります。そう言えば、なるほど鼻の下部は小鼻というのが両方に張り出していまして、お尻の肉が両方に張り出したのに似ています。その人のお尻は、その人の鼻の下部と同じような形をしていると思って間違いがないのであります。

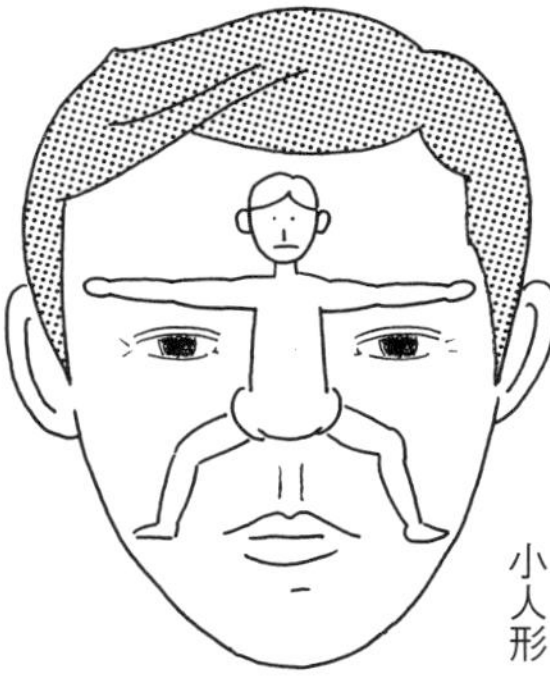

観相上の小人形

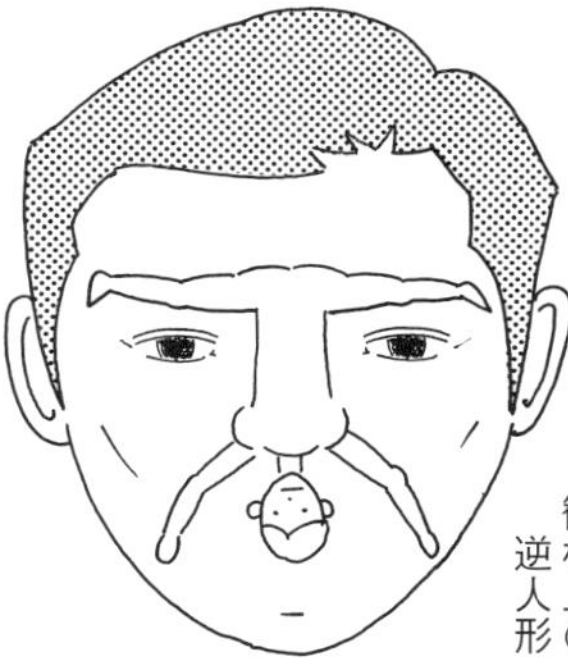

観相上の逆人形

♣小鼻の観察法

小鼻の両側から「八」の字型に、笑えばできる線がありますこれを「法令《ほうれい》」と観相学ではいっていますが、これは骨盤部から出ている両脚にあたるのであります。鼻の下部に二つ孔があいているのも、胴体の下部に肛門と尿道との二つの孔が開いているのにあたります。男性においては生殖器の尖端は鼻の頭（準頭と観相学ではいいます）にあたり、両側にある小鼻は睾丸にあたります。睾丸は「金《きん》玉」ともいわれていまして、小鼻がゆたかな円味をもっているものは、たとい今は貧乏でもやがて財福のあつまる人であります。男性は外に働きがあらわれるのが特長でありますから、外の形がこのようにあらわれますが、女性は内に籠《こも》る性質でありますから、その生殖器は鼻の突出部にはあらわれていないのでありまして、鼻より下の部分の「人中《じんちゅう》」と「口唇」とにそれを展開した形にあらわされております。

♣「人中」の観察法

「人中」というのは鼻から唇に行くまでの間に縦にくぼんだ溝があります。これを「人中」と申しまして、その人の子宮をあらわすのであります。子宮の発育の悪い人は、この「人中」がはっきり刻まれていないで、非常に浅いのであります。また「人中」の形の正しいのはその人の生殖（生れ）が正しいことを示します。

唇は女性生殖器の表面にあらわれた部分でありまして、男女の愛情肉体的あらわれが先ず接吻によって表われることや、生殖器の成熟を「色気づく」と申しますがその頃になると、女性は唇に色気（紅）をつけることを好むようになるのであります。口唇が美しく色鮮かであるのは愛情の深いことを示していますが、近頃の女性は大抵全部口紅をつけておりますから、外見の色によって判断することはできませんが、この口紅のもういいつな流行はエロチシズムの氾濫を示すものといえましょう。

♣口唇のシマリをよくしよう

口唇《くちびる》の形がきたなく、シマリのない者は、色欲がキタナク、しまりがないことを示しています。その上、眉と眉との間に汚ない色やホクロの出ているものは、よく自分を反省して、心を正しく、特に男女関係をつつしむようにしますと、口唇の形もよくなり、人相がよくなってきます。

観相学というものは、「わたしはこんな人相に生れたのだから仕方がない」と宿命的にあきらめてしまうためにあるのではなく、心を映して観《み》る「鏡」として、鏡に映った相を見て顔の汚れをふきとるのと同じように、心の汚れをとるように存在するのであります。

人相は一日のうちにでも非常にかわることがあります。かつて名優の吉右衛門が仁木《につき》弾正《だんじょう》に扮装して芝居を打っていました頃に、途中で有名な人相見にあいますと、恐ろしい「剣難の相」があらわれていましたが、一ヵ月後に同じ吉右衛門が、その同じ人相見にあうと、その剣難の相が消えて「忠臣の相」があらわれていましたので、おどろいて吉右衛門にききますと、今は大石内蔵之助に扮して芝居を打っているということでありました。こんなにも人相はその時の心でかわるのであります。

写真にうつる顔でも、写真を写すときに、自分の一番楽しい時のことを思い浮べて写しますと、美しく写ります。高貴なことを思いうかべて写すと、高貴な顔に写ります。みだらなことを思い浮べて写すとみだらな顔にうつります。人相も、肉体も心の影であります。いくら生れつきの顔がまずいからとて、心を変えることによって人相がよくなりますから心配はいりません。

♣法令の観察法

小鼻の横から「八」の字型に唇の両側にあらわれる線を「法令」と言うということは前に申しましたが、これは「小人形」観相法によりますと、両脚に当るのでありますから、法令の線の深く長いものは健脚でありまして、道を長距離歩くことができます。「路《みち》を歩く」ということを「人生行路を往く」ということに当てはめてみますと、法令の線の長い人は長生きするということになります。長くても途中で切れている人は、途中で大病をしたことがあるか、職業に大変動があったのです。法令が二重になっている人は、「新たに人生の行路を往く」という意味で、他の家を嗣《つ》いだ人か、やがて嗣《つ》ぐことになる人であります。

♣両眉の観察法

「小人形」観相法によりますと、両眉《りようまゆ》が両腕になっているのであります。眉が長く眉骨《まゆぼね》がたくましく突き出している人は、いわゆる「腕達者」の人であります。筋骨質で腕も達者でありますが「口八丁、手八丁」という場合の「手八丁」でありまして、手腕家であり、計画性があります。このような人を次官や番頭級に採用すると、きっと事業が発展するのでありま す。眉毛が疎《あら》いのは計画があらっぽいのでありまして、眉毛がチミツで繊細であるのは計画がチミツで細かく行き届くのであります。

これは男性の場合でありますが、女性の場合には陰陽が異りますから「小人形」型を逆にして、「逆人形」観相法をもあわせて考えるのであります。

♣婦人を観相する場合は「逆人形」で観る

「逆人形《ぎゃくにんぎょう》」観相法というのは、右に述べた両眉が逆に両脚になり、「法令」という小鼻の両側の線を両腕に考えるのであります。ですから女性で「法令」の線が発達している人は、腕達者の御婦人であります。こういう御婦人は独立して職業を持ち、洋裁学校をひらいたり、社会運動をするのに適しています。しかし時として、この種の人相の婦人は良人よりも腕達者で、良人を圧したり、良人を押し込めたりして、良人の運命をおさえることになり、時には良人を剋《こく》して、良人が早く死ぬことがありますから、できるだけ、良人に柔順に従うように心掛けておりますと、幸福になれるのであります。

♣婦人の貞操性を見る

「小人形」観相法では、「法令」の線が両脚にあたりますが、「逆人形」においては、法令が両腕にあたります。したがって、婦人の両乳房のふくれている所が、両小鼻のふくれている所になり、「人中」が「頸《くび》」にあたり、実際の「唇」が「小人形」の唇に当ります。すなわち「唇の周囲」が「小人形」の「顔」であって、小人が両腕をひろげて、鼻を胴体として逆立ちしている形として観相するのであります。すると両眉は婦人が両脚をひろげている形に当てはまります。両眉の秀《ひい》でて長く濃き婦人は健脚であります。婦人の眉と眉との間は、ちょうど婦人の貞操部に当るのでありますから、唇の形と両々相対比してその婦人の貞操性を観察することができるのであります。説明で解りにくいところは図解を観て知ってください。

♣鼻の観相法

図解でわかりますように、脊柱は鼻梁《びりょう》に当ります。胸、腹、それぞれその人の鼻のどの部分に当るかがわかるのであります。それで、その人の鼻を見て、男子の方は「小人形」の胸の部分に暗い色が出ていれば、その人は胸に故障があり、胃の部分に暗い色が出ておれば、その人は胃が弱いことをあらわしております。もっともこれは「現象の人間」のことでありまして、実相の人間には病気も虚弱もありません。鼻の肉のうすい人は、胸腹の肉もうすいのであります。「逆人形」観相法で、婦人は両眉が両脚でありますから、眉があまり婦人で撥《は》ね返っている人は、きっとフラッパーの婦人であります。生れつきのやさしい形の眉を剃《そ》って、撥ね返った形の眉の流行する時代は、婦人の解放された時代の様相をあらわしておりますが、それは同時に貞操が解放されたことをあらわしております。眉と眉との間は「逆人形」観相法で貞操部にあたりますから、あまりにこの場所がひらいている女性で、しかもその部分の皮膚に汚い斑痕のある場合は、よほど心を浄める必要があります。しかし、あまり眉と眉との間がせまり過ぎているのは、気が短いか狭量で、呼吸器病にかかりやすいのであります。

男性の眉は、手腕にあたりますから上り眉でも剛毅《ごうき》奔放の気性をあらわすものとして大変結構でありますが、女性の眉は両脚ですから、上り眉は長上に反抗し、気の強いことをあらわしているのです。曲げて広げた形のは貞操破壊の相、すなわち邪淫《じゃいん》の相です。観相学の諺《ことわざ》では、「眉曲りは淫乱の相」といいます。このような説教をしないでも、実際、自分で眉を描いて御覧になって、その受ける感じを味わわれたならば、この人はどんな性格の人だということがお判りになりましょう。

♣眉と親兄弟との関係

眉はまた兄弟姉妹をあらわします。何故なら兄弟姉妹は、手足と同じく、一つの肉体から出た枝であるから、腕や脚の象徴《しるし》になる眉にそれがあらわれるのです。「柳眉《りゅうび》そろって兄弟多い。眉の旋毛《つむじ》は異母兄弟《はらちがい》」という諺がそれをあらわしております。

眉は、長いのがよいのであります。女性は三日月眉をもって貴相とし、慈相とします。眉の諺には、「眉が長くて眼を越せば、心正しく人に勝つ。もしも三日月、名誉が上る」といわれております。

眉に逆毛があって上に向いたりしているのは長上を剋するので親不孝か、早く親に離れて去る孤児かであります。眉毛はやさしく秀麗なのがよろしいが、男性のくせに女性のような細いやさしい柳の眉はドン・ファン型で源氏の君《きみ》のように多数女性に関係する性格がありますから、その点大いに慎《つつし》むべきであります。

♣眼、耳、鼻等の観相法

我々の五官のうちで、眼、耳、鼻、舌、身とならべて見ますと、眼は最も高尚なものであります。その働きの高さが、自然に形にあらわれて、そのあるべき場所が高くあらわれているのであります。高いものは高くなり、低いものは低くなるのであります。

眼は離れて物を観るのでありまして、物質に直接について視《み》るのではありません。それは物質からはなはだ高く離れているのであります。離れて観る快感を美感と申します。それは、光線を直接に眼球の奥にある網膜に感じて、そこにテレビジョンの放送機械のような化学的変化が起るのでありますけれども、それを、眼そのものの中にあるようには感じないで、自分の肉体から遠くはなして感ずるのであります。眼は数里の彼方の景色や、汽船を見ることもできれば、幾万光年も離れているお空の星の光をも見ることができます。眼はまことに肉体から離れたものを見る感覚機関であります。

耳はやはり離れて感ずる器官でありますから、耳で感ずる快さはやはり美感と申します。音楽美の世界が耳で感ずる快さの世界であります。しかし耳は眼ほどに遠方に隔《はな》れているものを感ずることはできません。「高い」という感じは、自分から距《はな》れている感じであります。だから、人を尊んでいう場合に「あなた」（彼方）とか「向う様」などと言います。自分のことを「此方《こちら》」とか「手前」とか言うのは、距れない感じ、すなわち距離感のないことをあらわしているのであります。尊いという意味をあらわすのに、自分と距れている言葉を使うのであります。

仏教で極楽を十万億土の彼方にあると言ったり、キリスト教では「天にまします吾らの父」と言ったりして、距離の感覚をあらわす言葉を使うのでありますが、キリストも「神の国は汝の内にあり」と言って、「神の国」すなわち天国が実際は遠いところにあるのではなくて、それは「今此処」にあるのだけれども、高く尊いという距離感をあらわすために十万億土の彼方とか、天国とかいう言葉を使っているのだということがわかるのであります。ともかく、眼についで、耳は距離のはなれたところにある美しさ（音楽美、声の美）などを感ずる器官として、眼についで高き位置にあるものでありますから、眼の次の高さは耳の高さになっております。

鼻となりましては、耳よりは近距離しか感ずることができない。これは鼻にくっつけても感ずることができるし、多少離れていても感ずることができるのであります。これは即《つ》かず離れずという位置にありますから、中庸《ちゅうよう》の位にあるので、顔の真中に位置を占めているのであります。

鼻は、前に申しました通り宇宙生命の自己表現の「中心」として「自我」をあらわすのでありますす。だからこれは顔の「中心」にあり、高きことを思おうと、低きことを思おうと自由の位置にあるのであります。

鼻より上の部分の感覚器官が、天的な美しさを感受する器官であり、鼻より下の部分は、地的な美しさを感受する器官であります。だから口は本来、低い卑しい感覚器官なので人前でグチャグチャ食物やチューインガムを咀嚼《そしゃく》することは非礼とされております。食事にピチャピチャ音をたてるのは下賤《げせん》の相《そう》とされているのであります。下等動物は皮膚（細胞膜）と口と肛門だけしかないのでありまして、これは地的なもの（天的——高尚に対して）しか有《も》っていない下等なことを形にあらわしているのであります。

眼耳鼻舌身《げんにびぜつしん》とならべて、だんだん上より下へと下等なものになってくるのであります。「舌」は「口」に当るのであり、「身」は皮膚や粘膜の感覚器官をあらわすのであります。「口」でも「舌」の方は、まだ奥に位しているだけ深さがあるので、美味の感覚は、視覚美、聴覚・嗅覚美などよりも、「即《つ》いた感じ」「直接に触れる感じ」なのでありますけれども、まだ多少深い感じがあります。ところが接吻などに至りますと、これは全く皮膚・粘膜の接触でありまして、もっとも表面的、最も下部に位する感覚であります。

♣唇の大きさについて

さて口は我々の栄養器官でありますから、これは清濁併せ呑《の》むようなのが、その人の発達によいのであります。だから口の大きな人は、その人の運命が大きいのであります。口の小さな人は、その人は正しくとも、水清ければ魚棲《す》まず式に、人を容《い》れる雅量がとぼしいから大いなる運命の発達はないのであります。

♣唇の厚さについて

唇《くちびる》は相当部厚いのがよいのであります。その方が篤実重厚《とくじつじゅうこう》の性格をそなえておりますが、あまり厚すぎる唇は、地的な部分の過大でありまして、野蛮人の唇であります。唇は適当な厚さであって、色が美しく、歓待紋《かんたいもん》または愛嬌皺《あいきょうじわ》と言って、竪《たて》の皺が無数にあるのは愛情の深いことをあらわしております。また子供を多く産むとせられています。唇の部厚すぎる人は、舌も部厚く、言語の速度がおそいのが普通で、訥弁《とつべん》な人が多いのであります。

唇のあまりに薄っぺらな人は軽薄才子であって、口が軽く、多弁であって、重要なことも秘密にできない性質であります。

♣唇のしまりについて

意志の強い人は唇のしまりがよく、意志の弱い誘惑にかかりやすいような人は、唇のしまりが悪いのであります。

♣唇の色について

唇はあまり薄からず厚からず、そして赤く美しいのがよいのでありますが、その赤さも美しい澄んだ紅《くれない》の色をしてしまりのよいのは貞操観念が堅《かた》いのでありますが、その赤さが黒ずんだ赤さで、しまりの悪いのは貞操のしまりが悪いのであります。すでに述べました通り唇は、生殖器の顔面部位における象徴でありますから、ここを見ればその人の貞操がわかるのであります。その色が暗紫色であるのは孤独の相であるか、病難をあらわしております。

♣口唇の形について

唇は全体として、左右の口角が上を向いているのが、心が快活で、運命もよく発達するのであります。常に心が愉快で微笑をたたえているようにしますと、自然に習慣的に唇の形がそのようになるのであります。

しかし、あまり三日月のように上を向き過ぎているのは心に落着きがないか、異常な軽薄さのあらわれであります。口角が下へ向いて、唇が下向きの弓のようになっているのは苦痛を常に怺《こら》えている時の表情でありまして、困難に堪えて来た過去を語るものでありますから、或る場合には兇悪にして下剋上の性格をもっているか、非常に忍耐強い困苦欠乏に耐えるよい性格をもっているかするのでありますが、そのどちらに属するかは、他の部面の人相と照し合せて観察しなければなりません。

♣上唇と下唇との釣合い

上唇は良人をあらわし、下唇は妻をあらわしますから、唇が固く結ばれているのは夫婦の愛情が固くむすばれて、隙《すき》のないことをあらわしております。上唇と下唇とに無意識のときに隙があるのは夫婦の調和の間に、何らかの隙があることをあらわしております。

上唇の薄いのは目上の人を馬鹿にする性格があり、下唇の薄いのは物質的方面（下部は物質を表わす）の運の悪いことを示しています。婦人で、上唇よりも下唇がはなはだしくつき出ている場合は嬶天下《かかあでんか》であるか、良人に対して貞淑でないのであります。しかし、下唇があまり薄く小さいのは福運がなく、軽がるしい嘘つきの性格をもっています。唇の形は整うてしまりがよく、厚からず、薄からず、上唇がほんの少し下唇よりも大きく出ている位が上々であるのであります。

♣口唇の歪みや病気について

「潮吹《しおふ》き」のお面のように口の尖《とん》がっているのや「ひょっとこ」のお面のように唇のひん歪《まが》っているのは下賤の相であり、子女に縁がうすく、はなはだしく薄倖の相であります。唇の縁に腫物や湿疹ができ、口角がただれたりしているのは、口に言いたいことを怺《こら》えて、不平を心にためているか、夫婦仲がわるく、口説《くぜつ》の絶えないことをあらわしております。口は物言う器官でありますから、物言うことを無理に制《おさ》えておりますと、口のふちにぶつぶつができるのであります。

♣ 歯の観相について

歯は一つの肉（歯齦《はぐき》）から出た兄弟分でありますから、兄弟姉妹の仲のよいものは、歯列《なら》びが正しいのであります。兄弟縁のうすい者は、歯と歯との間に隙《すき》があったり、歯列びが悪いのであります。

上の歯は天命をあらわし、下は自分の奮闘努力による運命をあらわしております。上顎は固定して動かないので、はじめから動かない運命をあらわしております。下の歯は動いて大いに努力して噛むものですから、自力奮闘で得られる運命であります。永久歯の門歯が幼くして欠けるのは、幼くして両親または一方の親にわかれるか、門を出て他に養子に行く運命をあらわしております。両親の運命は、「親知らず」または上歯の二枚の門歯にあらわれるものであります。

門歯が犬歯のごとく尖《とが》っている者は、親が肉類を大いに食したので、肉食動物と同じ形の歯となったのであります。したがって、その人自身もおおむね肉食を好むのであり、性質も鋭いのであり、外科手術などする職業に適当しております。

♣歯の形と食物について

門歯は野菜等の繊維を嚙みきるための歯であり、犬歯は肉を咀嚼するための歯であり、臼歯は穀類を押しつぶすための歯であります。三十二枚の歯のうち、門歯が八枚、犬歯が四枚、臼歯が二十枚でありまして、これで大体自然が定めた我々の食物の割合が決定しているのでであります。すなわち穀食（御飯またはパン）が三分の二、おかずが三分の一、そのおかずの三分の二が菜食、三分の一が魚類その他の肉食であります。

歯が、やや外向きに嚙み合っている者は、陽気であり、快活であります。やや内向きに嚙み合っている者は陰気であって、無口の人が多いのであります。外に向いている歯もあれば内に向いている歯もあるというような場合には、その人は時々陽気であったり、陰気であったりいたします。

私が大分前に福岡へ講習にまいりました時に、博多ホテルで、あわびの刺身のおかずがでました。それはあわびの貝殻の上に、脱脂綿に酒をしませて火にかけるとアルコールがガスになって蒸発します。そのアルコールに火をつけて、その上にあわびの肉を刺身に切ってならべて、食卓の上で燃えながら半焼になるところを食べる料理で、すこぶるオツなものであります。これは、なかなかあわびの肉が硬直して硬いのでありますが、それをしっかり噛んで食べているとき、あわびの肉が蝕歯《むしば》になって残っている左側の上の「親知らず」の歯の孔の中にはさまって、痛み出してどうしてもとれませんでした。あとできいてみると、私の父がその日に急に喘息の発作を起して、ほとんど死せんばかりに苦しんでいたのであります。左は男性であり、一等奥は、一番目上をあらわしておりまして、それで男性の一等奥である男親が人知れず痛んでいたのであります。これは決して地口《じぐち》でも落語でもないのでありまして、我々の心は互いに一つにつながっておりますから、父の苦しみが、私の肉体にその象徴となってあらわれて来たのであります。

その後数年して、父は七十七歳でなくなりましたが、それから、間もなくその歯は、わずかに残っていた「親知らず」は完全に欠け落ちてなくなってしまったのであります。

♣歯は年齢をあらわす

歯はまた、その人の年齢をあらわすのでありまして、年歯《ねんし》幾何《いくばく》というふうに言われるのであります。老人になって歯が欠けてくるのは当然でありまして、死体やミイラの年齢なども歯の摩損、または欠損の程度で、その年齢がわかることになっております。

私などは戦前、戦中、戦後にかけて、一ヵ所に四日以上とどまることができずに東奔西走南船北馬で道を伝えていたものですから、歯が少々蝕《むし》になっていましても、軽い時に修復することができないので五、六本も歯が駄目になっています。

しかし、老人になってからあまり歯がきれいに揃っているのは、子孫や弟子がまだ完全に独立し得ないで、自分が若い時同様に働かねばならぬ人相だということでありますから、こうして私の歯が欠損することは子孫及び弟子たちが発達して、もう独立し得る力があることをあらわしているのであります。

私が九州を講習旅行しておりますときに、上海から帰った小川政太郎さんが私の随行をしてまわられましたが、長崎県の諫早《いさはや》の講習会の翌朝、私の部屋へ突然やって来られまして、「先生こんなに左の頬が脹れましたが、これはどういう心のあらわれでありますか」と問われる。「歯が痛むのでしょう。下ですか上ですか」と問いますと、「ええ、左の奥から三番目が痛むのです」といわれる。「ああそうですか、左は男、下は目下、奥から三番目の男の人と争っていませんか」と私がたずねますと、「最近、墓参のことで大阪にいる三番目の弟に手紙をやったのに、もう半月にもなるのに返事をよこさんので腹を立てていたところです」「その弟さんに調和の思念をなさいませ。治りますよ」と言いますと、小川政太郎さんは、そのようにせられましたら、次の日には、その脹れが引いていたのであります。

♣眼の観相法――出目《でめ》と奥目《おくめ》――

眼は心の窓と言われていまして、顔の道具の中でも、眼は最もその時の心の状態をあらわすのであります。

眼の形を大別すれば「出目《でめ》」と「奥目《おくめ》」とにわかれるのであります。観相家の方では「出目」を軽眼《けいがん》と言い、「奥眼」を重眼《じゅうがん》と言っています。「出目」は眼球が普通よりも飛び出しているのでありますし、「奥目」は「この奥に目あり」と言うかのように眼球が奥の方に位置しているのであります。軽眼は出目ですから眼が大きく見え、重眼は目が奥に引込んでいますから、眼が小さく見えます。

まことに肉体は心の相《すがた》が形にあらわれたものでありまして、眼が奥にひかえている人は物の考え方が深く、狭くとも一つのことに熱心になるのであります。眼が飛び出している人は、それだけ視野が広いですけれども、何でも浅い物の考え方をするのでありまして、広く見るかわりに移り気なところがあり、愛するにしても切実に愛さない。もし良人がなくなりでもすると、一時は悲しんでもすぐほかの男と結婚するかも知れませぬ。

類をもって集るという法則によりまして、海岸または港の町に住んでいる人は、眼の大きく、出目の人が多いので、これは海がひろく開いている状態と類を同じうしているのでありをす。山国の人の眼は小さく奥眼であるのは、奥山という地形に対して類をもって集っているのであります。もっとも現代のように交通頻繁で始終住民が移動している場合には、海岸にも、目の小さい人もおれば、山奥にも眼瞼《まぶた》の大きくひらいた人もあるのであります。

孔子は「智者は水を楽しみ、仁者は山を楽しむ」と言われました。出目の人は広々と心がひらいていますから博学多識という美点もあります。奥目の人は山に籠《こも》って深く一つの道を行ずるという傾きがあるのであります。

眼は時として生殖器の象徴となることもあるのでありまして、色情の紊《みだ》れから、または男女間の愛情の悩みから、眼の病いにかかることもあります。犬などは交尾期に交尾させないでおくと、その眼がただれたりするのであります。メカケを置いていて、それを隠しているために白内障《そこひ》にかかった人もあります。

出目の人は、心が開いている証拠でありますから、交際が上手であります。言葉も自由自在で音楽的天分の発達している人が多いのであります。芸妓にでも出る人は、大体、出目の人で性格が派手なのであります。

出目の人が何でも、「剝《む》き出し」に言いたいことを言うのに反して、奥目の人は、性格が内気でありまして何でも言いたいことを奥に溜めているような性格であります。考え深い性格でじっと一つの事を深く思いつめますが、その代りに疑いが深く（これがよくなれば哲学者的性格となる）融通がきかないで、「井戸の中から天仰ぐ」というような偏倚《かたよ》った性格になりやすいのであります。言葉も無口で訥弁《とつべん》な人が多いのであります。

♣瞳《どう》・睛《せい》・眴《はく》の観方

眼の瞳《ひとみ》が澄みきって清らかなる人は、その心も清らかで明晰であります。罪を思わぬ幼な児の眼が美しいのは、幼な児の心の清らかなことをあらわしているのであります。母親が心にブツブツと不平の思いを起せば、子供がトラコーマになることがあります。トラコーマの黴菌《ばいきん》だなどと言いましても、形あるものは結果でありまして、それ相応の「心」（感情・想念）

が眼にあらわれるのであります。眼がドロンと濁っているのは、心が汚れているか、感情が濁っているかしているのであります。酒を飲んで酔った人の眼はすべて濁っているのであります。だからそんな眼をしたときには女に対して不しだらなことをしたり、真心を売るようなことをやりかねないのであります。だから酒を飲みながら政治をするなどという風習が止《や》まない限り、よい政治がとれるものではないのであります。

眼を観相しますには、瞳《どう》・睛《せい》・�《はく》の三局所に分って観るのであります。これを生理学の用語をもって言いますと、瞳というのは瞳《ひとみ》の孔、すなわち「瞳孔」であります。眼の球《たま》の中央部にある光の入る孔でありまして、明るいところへ行くと小さくなり、暗い所へ行くと大きく広がる孔であります。その周囲の黒目の部分が「睛《せい》」でありまして、(茶目《ちやめ》や、碧色《みどりいろ》の人もありますが)ここは生理学的名でいいますと「虹彩《こうさい》」と言うところであります。眙《はく》というのは、俗称「白目」と言うところで、生理学者が「鞏膜《きようまく》」と言っているところであります。

この瞳と睛とをいっしょにして、普通は「ひとみ」と言っているのでありますが、ここは神経の輻湊《ふくそう》したところでありまして、ここが黒目にせよ、茶目にせよ、碧眼《へきがん》にせよ、清らかに澄み切っている人は心が清浄な人でありまして、悪意のない、ごまかしのない人なのであります。そこに何となく暗い影や濁った影のある人は、心に暗い影や、濁った汚点ができているのでありまして、よほどけいかいしなければなりません。

睛の周囲に灰色に白い暈《くまどり》ができるのは老衰のしるしであります。

鞏膜《きょうまく》（白眼）に木の枝のような血の筋があらわれているのは、神経を非常に労してつかれているか、夜眠れないときか、何か非常に思いなやむところがあるのであります。白眼に斑点があらわれているのは、何か暗いことを考えているのであります。

♣四方白眼《しほうはくがん》

白眼《しろめ》と、瞳睛《ひとみ》とはその境がハッキリして、濁ったりぼかしになったりしないのがよいのであります。白眼の面積が少くて、瞳睛《ひとみ》の面積の広い方が、「疑い心」のない広々とした明朗快活な心をあらわすのであります。すなわち黒睛勝《くろめが》ちの人は人がよいので陰険な性格はありません。

瞳は自分自身であり、白眼（鞏膜）は自分の周囲（環境）であり、黒睛《くろめ》（虹彩）は自分自身と周囲との調和如何があらわれております。自分自身が周囲と広く調和している状態が、黒《くろ》睛《め》勝ちという状態であります。（色は茶目でも碧眼でもよろしい）

黒睛勝ちの反対に、白眼勝ちになって、黒睛《くろひとみ》が周囲の白から押し縮められているようになっているのは、その人が周囲からきらわれて（自分がきらわれると思っていて）邪魔物扱いにされて自分がちぢまっている状態の心をあらわしています。

こういう人は睛《ひとみ》の周囲の四方が白く見えますので「四方白眼」といいまして、狐疑《こぎ》する心が強くて、ひがみ心で、意地わるで、臍《へそ》まがりの性格をもっています。周囲の人を疑う心をやめて、周囲の人々の生命の内にある「神様」を拝むような心持になるよう修養をつんで行きますと、自然に黒睛《くろめ》の分量がふえてまいりまして、黒睛勝になるのであります。

人相というものは「こんな人相に生れたのだから、もう仕方がない」と自暴自棄《やけくそ》になるためのものではなく、自分の現在の心を人相という鏡に映し出して見て、「ああ、私の心はこんな形の心であったか、これから気をつけて、こんな心を改めましょう」という気になるように、「心の鏡」としてあらわれているものであります。

♣上睛三白眼と下睛三白眼と

何か人にかくれて悪いことをする場合には、その悪いことをしていることを見附けられないように顔を当り前に真直にしながら、眼だけを下向けてコソコソと悪いことをします。幾度もそれを重ねてやっておりますと、その黒睛が常に下の方に固定して、上の三方が常に白くあらわれている事になります。これが「下睛三白眼《したためさんぱくがん》」(又は、上三方白眼)と称《い》うのであって、盗み心または、何か隠れて悪いことをする心が習慣となり形にあらわれたものであります。

この反対に黒睛が、上の方に常に固着していて、下の方の三方が白眼になっている人があります。これが「上睛三白眼《うわめさんぱくがん》」(または、下三方白眼)と称《い》う眼でありまして、これは俯向《うつむ》いて何か悪いことをしている時に、俯向いたまま「誰か自分のする事を見てやしないか」と思って、睛だけを上に向けて窃《ぬす》み視る行動がたびかさなって習慣となったか肉食過多の結果であります。こんな眼の持主も、心を正しくして、真正面《まとも》に物を見、人に見られて恥かしいことを決していたしますまいと決心して、心の修養をつづけて行きますと、正しい眼附《めつき》の人になるのであります。

♣車輪眼《しゃりんがん》

また、「人が見ていやしないか」と、上方をキョロリと見るばかりでなく、周囲をキョロキョロ見まわして落着かぬ心をもっていますと、瞳のすわらぬ常にキョロキョロ罪人のように周囲を見る眼になるのでありまして、こんな眼を「車輪眼《しゃりんがん》」と申します。眼が車輪のようにグルグル廻るからです。警戒中の巡査に誰何《すいか》されたり、とっ捕まったりするのはこの種の眼の持主なのであります。

大体、人間はまともに物を観ていますときには、眼球を左右にキョロキョロと見まわさぬものであります。何か恐怖心が起るか警戒する時に、横をキョロキョロ見るのであります。だから睛を始終横に動かしたり、顔はその方を向かないで、横目でチラリと視たり、ギョロリと見たりするのは、心に邪念がある証拠であります。人に面会を求めて来ながら、まともにこちらの顔もみずに、時に横目を使うような人間は人から喜ばれないものですから、こんな習慣がもしあれば止めて、物をまともに見るよう修養いたしましょう。

♣再び眼の観相について

眼は心の窓でありますから、眼の清濁を見て心の清きか濁っているかが判断できるのであります。眼の切れ長くして慈光に潤うごときは仏の眼であります。瞳の色が黒くして黒耀石《こくようせき》のごとくハッキリしているのは智慧がハッキリしていることをあらわします。

細い目で、奥にひそんでいるような眼は、性質が陰気であって、奥深い考え方をする人であります。ギョロンとした眼で、あるいは驚いたように見え、あるいは怒ったように見えるのは短命の相《そう》であります。

横をしばしば「偸《ぬす》み視《み》」する者は心が落着かず、人に隠れて何事かをしようとする心のあるものであります。赤き血の筋が瞳を貫いて走っている者は、兇悪の精神をもっているか、みずからが兇悪者に倒される運命が近づいているのであります。すみやかに神想観をして自分の心の波長を神の愛と平和に向わせるようにいたしますと、その難をまぬかれることになります。自分の人相も運命も自分の心の影であるからであります。

眼がつねに色っぽく潤んだように見えるものは多情であります。眼の周囲に桃色の気色《きしょく》のあらわれている者は、色情の問題が起ろうとしつつある兆《きざし》でありますから、そんな気色があられて来たときには特に色情をつつしみ、なるべく異性に近づく機会を避けるようにする事が、色難《しきなん》を避ける方法であります。周囲の事情がどうしても相思《そうし》の二人が結婚できぬ事情にある場合には、相手を愛していれば愛しているほど互に近づかぬようにし、やむを得ず互に近づく機会がありましても、あまり親しく語り合わぬが、相手の運命を傷つけぬことになるのであります。近づけば愛情はますます深くなり、話し合えばますますその思いは燃えあがり、別れにくくなり、周囲と二人の恋情との板ばさみになって二人の運命を危殆《きたい》に陥《おとしい》れることになるのであります。

誰でも、両眼は同じ形をしていないで多少異る形をしているものでありますが、あまりに左の目と右の目との形または大小が異る者は、その人の心が乱れて、左右いずれとも定まらず、あるいは右にあるいは左に、ふらふらする者であるか、または太陽（左眼）と太陰（右眼）との調和が欠けて、自分夫婦の不調和または、先祖（父母夫婦）の不調和をあらわしているのでありますから、血統の中に何か不快なものがあることを示していると考えてよいのであります。

眼は正面を向いたとき、正しく瞳孔及び虹彩が中央部にあるのがよいのであります。斜視または潜伏斜視はその人の心が真正面《まとも》を向いていないことをあらわしております。ものを真直にみないで斜めから見る、正しいものでも歪めて見る心でありますから、そのような心を捨てると生れつきの斜視でも直った実例があります。

眼がじっと落着いていないでキョトキョトと周囲を見まわすものは、心に落着きがなくソワソワとした心のものであり、一定の自分の見解がなくて軽挙盲動《けいきょもうどう》するか附和雷同《ふわらいどう》する者であります。

眼は黒瞳《くろひとみ》が真直に正中《せいちゅう》を向いているのが、平安、中正、和解をあらわしているのでありま す。黒瞳がやや上に向いている者は、天を仰ぐ心をあらわしている場合には、心が高遠なので天的な事物を追求する心であります。よく仏像の目を見ますと、少しく上目附《うわめつき》になっているのがそれであります。坐禅でもして心が透明状態になって来ますと、黒瞳がやや上方に向うのであります。

眼が正面を向いているのに黒瞳が下を向いているのは「地視《ちし》」するといいまして、地的なものに心が奪われていることをあらわしております。

♣再び眉の観相について

眉は逆人形の観相法によれば両脚にあたり、小人形型の観相法によりますと、両腕にあたりますので、そこは、その人の手足になる人及び、その手足になる人との関係をあらわしているものだということはすでに申上げたところであります。だから眉が長いものは兄弟が多いか仲間が多いかをあらわしていると共に、手腕が秀《ひい》でていることをあらわしているのであります。

その眉が途中で切れたようになっているのは兄弟縁が薄いか、兄弟の仲間割れをするか、故郷を後にして他国で生活をする人相になっているのであります。

徳川時代に東海道などを籠舁《かごか》きをしている雲助などの絵を見ますと、よく毛虫眉の顔が書いてあります。雲助のような稼業をしなければならなくなる人は、自然、そのような眉をしているのであります。なぜなら、眉の一本一本は、「兄弟」または「仲間」の構成要員であり、その一本一本が荒々しいからであります。女中さんが数人居ります家で、彼女達は主人に対してはやさしい丁寧な言葉を使いながら、さて女中同士が対話しているのが、ふと洗面所などへ往ったとき聴えてまいりますと、実に荒っぽい語調で話しております。「仲間」の構成要員のひとりひとりが「荒っぽい」のであります。人生は言葉によって支配されているのでありますから、同じ言葉でも乱暴につかうと相手を怒らすことになりますが、同じ言葉でもやさしい語調で言われてみると、その人から好意と深切とを感じて仲よくしたくなるのであります。

こんな眉の形は「生れつき」だから仕方がないなどと言われる人があるかも知れませぬけれども、「生れつき」とは現世に生れて来るまでの心の持方が形にあらわれているのでありますから（結局自分の心の影でありますから）心が変化すれば眉の形も変化するのであります。私が、柄《がら》にもない、観相の話をいたしますのは、ひとつには、人を指導する上に参考になるためと、もう一つは、自分の人相を省みて、自分の現在の心境を反省して一層高い心境になっていただくためでありまして、決して人相見になっていただくためではないのであります。

眉の形が心によって変化いたしますことは、心が乱れているときには眉の毛が全体同じ方を向かず、上へ向いたり、横を向いたり、いろいろの方向に不揃いに入りまじることによっても知られるのであります。

「逆《さか》さ眉」と言って、毛が上を向いているのは長上（目上の者）に反抗する性格をあらわしておりますから親不孝者が多いのであります。左翼の人たちでも心柔和で、ただ人類愛のためと思って運動しているような人の眉は柔和なのでありますが、もって生れた反抗心でやっている人の眉は荒っぽいのであります。眉毛の間が中断しているような人は今は熱心でも、やがて仲間割れをする人だと知らねばなりません。

眉の中に、数本だけ長い毛がのびている人は長寿の相《そう》であります。その長い毛が全体と違う方向に突き出たりしているのは、長寿ではあるが、周囲の全体と調和しないことをあらわしております。長寿であっても眉が薄いというような人は、周囲が少い、仲間が少いことをあらわしていまして、老いて貧乏苦労をするのであります。

眉は濃からず、薄《うす》からざるがよいのであります。あまり薄いのは兄弟、仲間が少く、縁が薄くて、伸びない運命をあらわしておりますし、眉が、タドンのように黒く見えるのは、眉毛ひとつ、ひとつが荒っぽく太いからでありますから、雲助眉とか毛虫眉とか言われる部類に入るのであります。しかし、こういう眉の人は雲助の親分とか土建業者の親分とか、荒っぽい仕事の親分になると成功することがあるのであります。

眉が、目から離れて、チョコンと高いところについているような人は仙人の相でありまして、自分の仲間が、高き仙界にいることをあらわしております。現世においては寿命は長いが、現世の友達は少い孤高《ここう》の相であります。

眉が角ばっているのはその性格が角ばっているわけです。柳眉《やなぎまゆ》と言って、柳の葉のような形の眉が、円満をあらわしているのであります。

女性は特にやさしい形の眉がよろしい。女性の眉が男性眉のようだったら剣難の相だと言われております。

しかし男性であまりに女性のような眉をしているものは、性質が淫《いん》を好み、いわゆるにやけた型でありますから、女性の方はそんな男性がやさしい言葉で愛語を囁《ささや》いても、すぐ真《ま》に受けてはなりません。

眉に旋毛《つむじ》がある人がありますが、こんな人は大抵、異母兄弟《はらちがいのきょうだい》のある人であります。

眉の上方に普段と異る気色が出ているときは、兄弟、姉妹、交友、知己の関係に何か変動があることを示しているのであります。

気色は、ごく微妙な色調の変化を観察するのでありますから、日光が直射して時間的に明るさが変り、その変化にしたがって気色の色合が異るように見えやすい部屋は観相に適しないので、太陽光線の変化の少い北向の部屋で観相するがよいとせられております。

家庭をめぐる生活の観相

♣顔面の各部位に関して——人の人相をどのように観るか

肉体は「心の影」でありまして、特に表情、すなわちこころをあらわす顔の部分は心の姿を一層よくあらわしているものであります。

人体の最上部に位する髪は、その発音も「カミ」でありまして、人間の最上部は「神」につながるものであることをあらわしております。そして神につながる部分が祖先でありますから、観相の上では、

髪際《はえぎわ》――を見てその遺伝を見るのであります。髪際は額が広くて毛並《けなみ》がそろっているのが父母がよいのであります。髪際がつまっているのは、父母が「詰って」いたことをあらわします。髪際に痣《あざ》や黒子《ほくろ》があるのは何か遺伝的又は先祖の業《ごう》のあらわれとして災害が来ることをあらわしておりますから、祖先霊の供養のために、仏前または神前（神道では）で毎日、聖経『甘露の法雨』を読むことによって、その災をまぬかれることができるのであります。

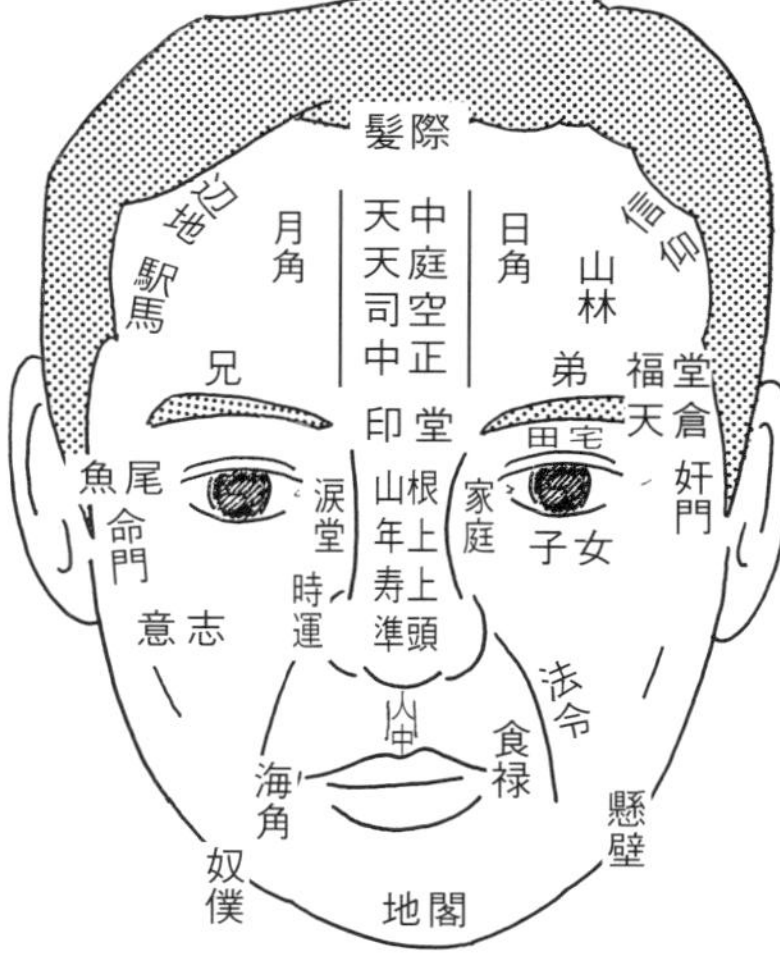

天中《てんちゅう》・天庭《てんてい》・司空《しくう》・中正《ちゅうせい》――は、目上に位して鼻（自我）が髪（神）とつながる部分であります。神から受ける官禄をあらわしておりますから、これらを引っくるめて「官禄宮《かんろくきゅう》」と言うことがあります。この辺の皮膚の色沢が美しく、黒子《ほくろ》や瑕《きず》がないのが官禄すなわち目上から受ける福禄が多くてよろしいのであります。この中央部に、釈尊は大きな黒子があり、それから白い毫《け》が

生《は》えて右旋回《みぎまわり》していたということでありますが、黒子が額の中央部にあるのは、普通ではこれは、あまりよい人相ではないと言われているのでありますが、これも黒子の色にもよることでありまして、釈尊においては、この黒子の色沢が大変によろしくて、そこから光が出て、東方万八千の世界を照らしたというくらいでありますから、これはかえって、善い人相になっていたのであります。

大体、額に小皺が小波のように多いのは、若いときから小さな苦労が絶えなかったことをあらわしております。すなわち気苦労性の額であります。額の皺は長く横に三本「三」の字の形になっているか、「王」の字の形になっているか、そうでなくとも、あまりコセコセせず、左右の皺が平均して釣合がとれているのがよいのでありまして、三本正しく「三」または「王」の字の形になっている人は、思わぬところから幸福が来て、素晴しい運命を得るものであります。すなわち神から来る「官禄」が多いのであります。

日角《にっかく》、月角《げっかく》――が父母をあらわすことはすでにのべましたから、ここでは詳しくのべません。

印堂《いんどう》（眉間）――は希望宮とも言いまして、その人の今抱いている希望が実現するか、しないかを、この希望宮の気色で観るのであります。

この部分に何となく紅《くれない》の美しい色が出て輝いているときは、希望が成就する兆《きざし》でありますから、大いに進んで努力するがよろしいが、この部分の色が悪く、濁っているように見えるときは、希望の成らない兆があらわれているのですから、何事もその時は控えめにし、新事業や相場には手を出さないがよろしい。そして希望の成らないのは心の世界が曇っている証拠でありますから、よく神想観して、心の世界に「無限供給」を念じ心を調えると共に、先祖の霊の守護を願って、先祖の霊前で毎日『甘露の法雨』をお読みになることが必要であります。

すべて人相というものは、ただ宿命として、自分の運命を占うだけのものではなく、充分、自分の心を、人相と照らし合わせて反省して、運命を自分で変化するようにこそ努力すべき指針となるものであります。

山根《さんこん》**・年上**《ねんじょう》**・寿上**《じゅじょう》――という部分が印堂の下の部分、鼻の上部から中央部につづいております。この部分は、すでに述べました「小人形」の観相法によって当てはめてみますと、その部分の瘢痕《はんこん》や、悪い色沢《いろつや》や、痣《あざ》等によって、その人の内臓のどの部分が虚弱であるか故障があるかがわかるのであります。

児童に於いて山根の部位に青い色が出ているのは、胸部が虚弱で神経質であるということをあらわしているのであります。

心労は「小人形」の心臓部の色沢にあらわれ、飲食の不摂生は小人形の胃腸部の色沢にあらわれ、色情関係の過多は、準頭に近い部分の色沢にあらわれてまいります。それを見て心配せよというのではありません。心労あるものは、つとめて愉快に心労なきように慎しみ、取越苦労せず、つとめて笑うようにし、飲食の不摂生のある者は飲食を慎しむようにすればよいのであります。

準頭《じゅんとう》——というのは鼻の頭でありますが、この部分は、すでにのべた通り、財福をあらわし、貯蓄の有無をあらわしております。鼻の頭はゆったりと、下に到るほど溜っている形に太くなっているのがよいのであります。

人中《じんちゅう》——は鼻の下から唇に到るところにある溝でありまして、子宮をあらわすということは前に述べました。ここはその人が胎児であった時分に左右（陽陰）の肉が両方から集ってきて、出産の頃に一体になる部分でありますから、その両親たるものの陰陽、夫婦、嫁姑、兄弟等が、ぴったり一体になっていたかどうかをあらわしております。

陰陽調和した家庭に生れた子女の人中は美しくハッキリと刻まれておりますが、不調和な家庭の中に生れた子供の中には、単に人中がはっきりしていないだけではなく、兎唇《みつくち》と言って、上唇が人中のところでつながっていないものや、上の歯齦《はぐき》から口蓋《こうがい》（上顎《うわあご》の舌のあたる所）のところまで左右の肉がつづかないで、お乳をのんでも、そこからお乳が流れ出てお乳が飲めない子供までありますが、こんな子供も、親が反省して、聖経を毎日誦《あ》げて祖先供養をしっかりし、家庭が調和すれば、その兎唇の肉が上ってきて治った実例もあります。

人中は「子宮」をあらわしますから、その正しきは貞操が正しく、また、生れが正しいことをあらわしております。歪《ゆが》んでいるもの、彫の浅いもの、短かくて上唇のところが消えているもの、その溝の下端がハッキリしていないもの、そこに皺があったり、シミがあったり、黒子《ほくろ》があったりするのは、何らかの故障が、家庭内に、または生殖器にあるのであります。

人中の溝の下端は、不動明王《ふどうみょうおう》の利剣のごとくハッキリと剣の剣尖《けんさき》になっているのがよいのであります。こんな人は貞操が正しいのであります。

地閣《ちかく》——というのは、下頤《したあご》一帯を言うのであります。肉体は心の象徴でありますから、これは一等下部にあり、地面や家屋（閣）の所有をあらわしております。

ここの豊かにふっくりと肉附きがよく幾分前方に張り出している人は、物質的（地的なもの、下部のもの）にめぐまれる心の人であります。よき土地に住み、よき家屋に住む運命をもっております。また土地や家屋を売買しても、この人相の人は儲かるのであります。畏《おそ》れおおいことでありますが、これを国家の元首に当てはめると、いずれの国においても豊かなる頤《あご》の帝王の時代にはその国土が拡大するのでありますが、頤の後退している帝王の時代においては領土が減るのでありまして人相は争えないものであります。

頤を愛情の方から観察いたしますと、頤は下部の愛情をあらわします。あまり骨ばって細くやせて前方に張り出している人の家庭的愛情は細く、豊かであるとは言えません。骨ばって細くやせている人は、自我が強く、家庭的愛情を剋《こく》するきらいがあります。（もっとも、宗教的に悟りをひらいて修養した場合には、運命が改善されますから、人相は当てはまらぬことがあります。）

頤がゆたかにでぶでぶと肉がついて、二重頤になっているような人は下部の愛情が発達している人で、家庭的の愛情が非常に篤《あつ》いのでありまして、時にはその愛情がありあまって家庭以外の婦人に対してまで愛情を及ぼすことがあります。

懸壁《けんぺき》――という部位は、横頬の下部で「奴僕《ぬぼく》」の上方で、うなぎの腮《あぎと》のようなところにあたります。骨で言うと腮骨《しこつ》であります。ここは欲望の大小をあらわすところであります。腮骨の張り出している人は、いろいろの欲望が多いのであります。どちらかと言うと顔の下部でありますので、この辺の張り出している人は肉体的な快楽、地的な欲望が強いのでありま す。

もっともそうした肉体的な快楽追求も地的な欲望追求も、その人の修養によって、その欲望が聖化《せいか》せられて、美的追求となり、芸術的欲望となり、文化の発達に貢献することにもなります。この辺の発達している人は欲望が多すぎるものですからよく自分の欲望を反省して、他の人に悪い影響や迷惑を与えない欲望、正しい欲望のみを追求することにし、欲望の種類もなるべく整理して、その内の最も高級のものだけを一、二だけ選んで、それを追求するがよいのであります。

兄弟宮《けいていきゅう》——というのは両眉であります。これはすでに述べましたように、兄弟、姉妹、朋友関係などをあらわすのであります。西洋流の骨相の観察では、大小性、軽重性、色彩性、秩序性を司るところでありますから、芸術上の釣合い、色彩や形状の配合に対する判断のすぐれている人は、眉骨《びこつ》が発達しており、眉毛が柔かであって、粗《あら》すぎず、濃すぎず、清く、麗わしい人は、その心性も清く美しく芸術的天分に恵まれているのであります。「逆人形」の観相法によりますと、「眉」は脚《あし》にあたるので、眉の長い人は、人生の行路を長く行くという意味で長生きするのであります。この反対に眉の薄いのは短命であり、兄弟縁にとぼしいのであり、手足になる人に信頼できる人が少いのであります。

眉は、小人形的観察では腕になるのでありますから、眉の長き人は手腕を揮《ふる》うのでありますが、日本の封建時代には、嫁ぐとすぐに眉を剃り落したのでありまして、これは人工的に剃るのでありますけれども、たとい人工的でありましても、それだけみずから進んで手腕を切り落したのでありますから、婦人は嫁ぐとなんら自分の手腕を揮うことなく、ただ従順無我に夫及び舅姑につかえるという決意が形にあらわれたものと言うことができます。ところが現代の婦人は盛んに、眉を濃く長く塗ったり、自然の眉を剃り落して自分の好きな形に眉を描くのですが、これは自然の女の地位に甘んぜず自分の我《が》を通して好きのままに振舞う女性の腕が伸展して来たことを物語るのであります。次に或る人が造った眉の観相法の歌を多少修正を加えて紹介いたします。

眉が長くて眼を越せば
こころ正しく人に勝つ
女で三日月、玉の輿《こし》
荒い眉毛は気が荒い

柳眉そろえば兄弟多い。
尻が跳ねたら淫奔女《いんぽんおんな》
眉の中断、故郷をあとに
兄弟、仲間と縁切れる

毛虫は卑しく、逆毛は荒い
長毛は長命九十越す

短い眉なら貧乏辛苦
柔和な眉は家庭が円満

濃すぎて黒い眉毛は財産やぶる
皺が多けりゃ楽がない
空に高眉、異仙の相よ
命ながいが、孤独の相よ

眉に旋毛《つむじ》は異母兄弟《はらちがい》
男で女形《めがた》は好色漢よ
女の眉毛が男に似たら
それこそ剣難おそろしい

眉の逆毛は孤児に多い
妻は夫を剋します

眉間の狭いは厄がある
短気で運命そこねます

眉に角ありゃ不孝者
淫乱女は眉曲り
八字眉毛は怨みが多い
八のあべこべ大嘘つきよ

右の歌のうちで「淫乱女は眉曲り」という一句は、現代の或る種の女性がわざわざ眉を曲げて長く描いている点に、ぴったり合っているのであります。

田宅宮《でんたくきゅう》――両眉の下から、上眼瞼の間を田宅宮《でんたくきゅう》と言うのであります。この田宅宮は古来の観相法では、土地、田畑、家屋敷等をあらわす部位として田宅宮という名称がつけられていたのであります。

大体、眼球、特に瞳は、その人の魂をあらわすのであります。「眼は心の窓」という言葉はそれをあらわしております。魂の光がそこにあらわれているのであります。だから、その人の魂が怒るときには、眼光鋭く人を刺すような光が出てまいります。その人の心が明かな人は、眼の光が明かであります。眼の光が何となくどんよりしている人は、心も何となくどんよりと曇っています。眼が澄み切っている人は、その心も澄み切っているのであります。

このように、瞳は「自分自身の魂」をあらわすのでありますが、自分の魂の根元は誰であるかというと、先祖であります。それで先祖をあらわすのは「瞳」であると言うことができるのであります。先祖様の魂が自分において外へ覗《のぞ》き出しているところが瞳であります。だから瞳に雲がかかると先祖の魂が雲がかかったように晦《くら》くなっている——すなわち、祖先の霊が迷って苦しんでいるということをあらわしていますので、聖経『甘露の法雨』を祖先の霊の名を呼び出して、誦《よ》んであげると、結核性角膜炎や鞏膜炎《きようまくえん》などで、眼に星の出ている人でも治るのであります。

さて、眼というものは、祖先の霊が、自分の魂となって覗き出している象《かたち》であるとしますと、その周囲全体は、家庭または家族の状態をあらわしていると観るのは当然のことであります。そこで自分の家庭または家族のうちで、その目の上、すなわち「目上」にある田宅宮は、家族の状態のうちでも祖先から伝わっているところの土地、田畑、家屋敷、祖先の賜である子福の如何等をあらわすことになるのであります。田宅宮がひろく豊かなる者は、祖先から伝わる固定資産が豊かであるということをあらわしております。しかし田宅宮が広く豊かなだけでは、必ずしも現在保持し得ているその人の固定資産が、豊かだというわけにはまいりませぬ。そこの色沢、清濁を見なければなりませぬ。

この部位に桃色があらわれてくる場合には、桃色は、色情をあらわしますので、色情の過ちを警戒しなければなりませぬ。（桃色遊戯などという言葉も、必ずしも偶然につけられたのではなく、人類または日本民族の潜在意識から、その内容を象徴的に表現《いいあらわ》した語であります。古来、名は体をあらわすと言われているのは、その一半の真理がいわれているのであります。）眼のこの部位に桃色があらわれてきた場合は、女難とか、性的誘惑が兆《きざ》しているのでありますから、男女ともなるべく異性に近づかないようにし、異性に近づく機会がありましても、なるべくあまり露骨に近づかないように警戒する方がよいのであります。色情を売ることを商売にする婦人が、この部分にうすく紅を指して桃色にしているのは、これは女難を商売にしているから、自然にその事を容貌の上にあらわしているのであります。人工的な顔の粉飾でありましても、自分がそのような粉飾をしたくなったのですから、すべて自分の心の内容があらわれるものであります。だからこの点は注意しなければならないのであります。

アイ・シャドウなどと申しまして、容貌に深刻な感じをあらわすために、眼の周囲を蒼黒《あおぐろ》く塗る化粧法がありますが、これはあまり感心しませぬ。民族がそんな化粧法を好んで用いるようになりますと、その民族の田畑《でんぱた》（領土）がだんだん減ってくるのであります。フランス婦人は好んでこの眼の周囲を蒼黒く塗る化粧法を用いるのでありますが、その頃からフランス人は人口がふえなくなり、領土もだんだん減ってきたのであります。これは必ずしも、アイ・シャドウをやるから、眼の周囲を黒く塗るから、そんな運命になったと言うわけではなく、領土を失うような心の状態になったところの、その「心の状態」が容貌にあらわれているのでありますが、「形」というものは、「心の表情《あらわれ》」である以上、その「心の表情《あらわれ》」が心に反射して或る影響を与えるということも否《いな》むことはできないのであります。日本婦人も、このフランス婦人のアイ・シャドウの化粧法を模倣《まね》して、田宅宮を蒼黒く塗るようになってから、日本民族が祖先から伝えられた田畑（領土）が減ってしまって、樺太、千島、台湾等を奪われてしまったのであります。

民族の人相ということも考えますと、なかなか深い意味があるのであります。老人になっても孤独で、住む田宅がないような人の眼の縁をご覧になると、きっとその人の眼の周囲は黒ずんだ色をしているものであります。

子女宮――これは下眼瞼《したまぶた》と、やや眼頭《めがしら》に近い方の下眼瞼の下方であります。大体、眼の瞳は祖先をあらわすと申しましたが、眼瞼の形を見ますと、これは「唇」と同様に、生殖器とよく似た形をしているのでありまして、肉体を「内部生命」または「内部精神」の象徴として観察しますと、眼は生殖器の象徴になるのであります。瞳は、祖先――すなわち生命の根元――換言すれば生殖の根元であります。そして眼の上が、「目上」(長上者)、眼の下が「眼下」(年少者、したがって子女)をあらわすのであります。芸娼妓《げいしょうぎ》で荒淫《こういん》飽《あ》くなき生活を営んで来た婦人などの眼の周囲は、どす黒く、その過去の生活の影を印《しる》しているのであります。

大体、その人の「子女」の如何《いかん》を窺《うかが》うのは上唇と鼻との間にある縦溝を「子宮」と観じて人相を見るのでありますが、「眼」を生殖器の象徴として観相する場合と、「唇」を生殖器の象徴として観相する場合と、何処が異るかと言いますと、唇は眼より下位にあるのでありますから、低い意味の肉体的な性欲の表現機関であり、眼は唇より上位にありますから、同じ性欲を表現すると言いましても、恋愛とでも言うべき高等感情を象徴するのであります。それは、眼と眼と見合って恋愛的感情を味うのと、唇と唇とを触れ合って恋愛的感情を味うのと異るほどの相異であります。

根本は生殖本能から来るにしましても、「唇」の方は肉体についた働きをあらわしており、「眼」の方は一層精神的な働きをあらわしているのであります。だから唇の上方の溝、人相学で「人中」は、子女を分娩する上に難産か安産か、何人生れるかをあらわしているのでありますが、眼の下の子女宮は、その生れてしまった子供の成育、健康、愛情等、父母的な感情をあらわしているのであります。

老いて子なき鰥寡《かんか》孤独の人々の、この眼の下の色沢《いろつや》の悪いのを見れば成る程とうなずかれるのであります。この部位の美しく豊かな人は、子女が健全に発育し、よき後嗣《あとつぎ》があることをあらわしております。また眼は唇と同じでありますから、眼の下部のこの部位が豊かに発達している人は、口より下へ出ずるもの——すなわち言語が発達しているのでありまして、座談または講演のどちらか、またはいずれもが巧みなのであります。

妻妾宮《さいしょうきゅう》——これは俗に「眼尻」という部分でありまして、古来の人相学では「魚尾《ぎょび》」と言っております。眼を魚の形に象《かたど》りますと、ちょうど、魚の尾のようになっているところであります。眼の周囲全体をその人の家庭をあらわすとしますと、眼の上部の田宅宮は祖先からの贈り物、田畑、家屋敷等をあらわし、眼の下の子女宮は、子孫の発生如何《いかん》をあらわし、眼と同じ高さの「眼尻」は妻や夫との関係如何をあらわしているのであります。
眼尻が下っているのは自分の魂（眼の瞳）が下に対して傾斜している形でありますから、下に対して寛大で愛情が深いことをあらわしているのであります。大抵の人は、年齢をとって来るにしたがって眼尻が下ってくるものであります。家族に向ってニコニコ笑っている――その笑っている最中には眼尻が下っているのでありますから、その肉体的習慣が顔貌にあらわれたと見てよいのでありますが、そのニコニコと家族に向って笑う心が、部下に対して慈愛深い心なのでありますから、眼尻の下っているのは、その慈愛深い心が形にあらわれたのだと言うことができるのであります。

その反対に眼尻があまり鋭く上っている者は、心が鋭く、度量が狭く、「赦《ゆる》す心」が乏しく、目上に対して反抗心が強く、生涯愛情について苦しまなければならないような、過去の業を背負って生れて来ているのでありますから、よく自分の人相を見て反省し、度量を大きく、清濁を併せ呑《の》むようにし、大いに「赦す心」を養い、目上に対して反抗しないように心掛けますならば、過去の業を償い得て、楽しい家庭生活を送る事ができる様になるのであります。たびたび申しますが、人相と言うものは固定したものではなく、過去から蓄積された結果としての現在の心境が形にあらわれているのでありますから、自分の人相を観て、よく反省し、悪い業《ごう》のあらわれが出ていましたら、それを補うような、善行をはげむようにすれば、その反対の良い運命を却《かえ》って受け得るのであります。

眼尻の部位に濁った色のシミまたは黒点、または錯雑した皺等ある人は女難、または異性との交渉で苦しむべき業をもって生れたのでありますから、その業を打ち消すような清浄な生活をすれば、その不快な人相も消えてしまうのであります。

法令——これは前でも申し上げましたが、鼻唇溝《びしんこう》とも言いまして、鼻の横から唇の周囲をややはなれて、頰から頤《あご》の方へ、八字髭《じひげ》のように流れている線であります。これは、小人形観相法では、小人形の脚に当るところであり、逆人形観相法では手にあたるところであり、これが深くハッキリと刻まれている人は、手八丁口八丁の人であります。したがってこういう人は職業が安定している人か、人の頭梁《とうりよう》となって何か重要なる仕事をなす人であります。この法令の線が婦人であって、しかも若くしてハッキリ刻まれているような人は、一芸または多芸に秀でて、職業婦人になる可能性が多いのであります。家庭の中でただ従順にめだたないで、良人にハイハイと従っているような婦人には、この法令の線がハッキリしないのが普通であります。職業的能力は少くてもハイハイと従順に従う奥様の欲しい人は、このような婦人を選んで結婚するがよいのであります。ただし豊頰《ほうきょう》で頰の肉付がよいために、笑ったりするときに、深く法令に皺ができるのは、これは愛嬌線《あいきょうせん》でありまして、職業婦人の法令線とは異るのであります。

婦人で法令線の深い人は、一芸に秀で、職業をもって良人に対抗し勝《がち》になりやすいのですから、自分の人相をよく省みて、できる限り良人に従順に仕えて、我《が》を出さないようにしないと、ついには家庭に不和を生ずることにもなり、良人が放蕩《ほうとう》しはじめるか、あるいは良人を剋《こく》して、良人が夭折《わかじに》することがあるものであります。

男子で、この法令の線が途中で切れ切れになったり、二線三線と不明瞭にわかれている人は職業をたびたび変更する人で、心で一定の目的に集中しない人であります。また、生家にとどまらず、養子縁組する人にも法令の線が二重にあらわれることがあり、多くの職業を兼業して、しかも、それぞれ大いに発展するような人は、法令の線が二重三重に平行してありながら、どれもハッキリ深く刻まれているものであります。数会社の社長重役を兼ねている老人の重役などにはこの種の二重三重の法令線をあらわしている人があります。

常に言うことでありますが、自分の人相は自分の心境に応じて変化して来るものでありま す。自分の顔面を見て、自分の法令の線はハッキリしているから、自分は生れつき頭梁《とうりょう》となる資格がある、大実業家として成功し得る素質があるから大丈夫だ――と慢心して、怠けて何の努力もしないでいますと、それ相応の人相になってまいりまして、法令の線も自然に、途切《とぎ》れ杜絶《とぎ》れになり、その他の顔にも悪い気色《きしょく》や斑紋があらわれて、せっかく、生れつき（前世の業果）のよき人相も崩れてしまうのでありますから、自分の人相の好さに慢心して懶《なま》けるようなことをしないで、いよいよ、ますます充分の努力をすることが肝要であります。

これに反して、生れつき、たとい法令線が浅い人でも、努力精進をつづけて、一業にでも熱心にはげむときには法令の線もハッキリして来て、運命がひらけて来、独立独歩の生活を送ることができるようになるのであります。

海角《かいかく》――これは口の両角であります。唇はすでに述べました通り、小人形観相法では女性生殖器にあたる場所でありますので、食生活、性生活、遺伝の良否、家庭をめぐる肉体的愛情如何を観る部位であります。口の両角は、美しく結ばれていて、やや上向きの者は、心が明るく、生れつき貞操も正しくてよいのであります。口角がしまりが悪い者は、よく自分の内心を反省して貞操を正しくつとめますと、口角のしまりがよくなってまいります。我々が常に微笑をたたえる習慣をつけます場合には、口をふさいで当り前にしていましても、口角が自然に上向きになり、幸福が集って来る人相になってまいります。

眼の周囲の状態は、家庭を取巻く「精神的愛情」をあらわし、眼の両角は良人及び妻の精神的愛情をあらわすとすれば、唇の周囲を取巻く部分の状態は、家庭を取り巻く「肉体的愛情」の深さをあらわすのでありまして、唇の厚きは家庭的愛情の深さをあらわし、唇の両角の清濁と親疎《しんそ》は夫婦間の愛情の清濁親疎をあらわすと考えれば間違いがないのであります。

自分の顔を何気なく普段の通りにしている時に、そのまま表情をかえずに、手鏡をもって自分の顔を映してご覧なさい。運の悪い人は若いくせに眉間に皺ができ、口角が下の方へ垂れ下がって、何とも言えない悲しい顔をしているものであります。こんな顔を、俗称「憂い顔」と言うのでありまして、常に自分の心が、自分の表情を発信アンテナとして「憂い」の精神波動を送っておりますから、常に憂うべきことばかり集って来るのであります。

こんな人はいくら自分が善人であっても、忍従の美徳をもっていましても、「つらい、つらい」と思いながら忍従しているのでありますから、善い事は集って来ないのであります。よろしく常に笑うように努力し、常に「自分は幸福！　嬉しいな！」と思うようにして、自分の表情を明るくするようにしますと、運がよくなってくるのであります。幸福でもなく、嬉しくもないのに、「自分は幸福だ、嬉しいな！」などとは思うことができないではないかと言う人があるかもしれませんけれども、それは今ＮＨＫの放送（不幸番組の喩《たと》え）が聴えているのに、ＴＢＳラジオの（幸福の放送局の喩え）の波長に切りかえられないではないかと考えるのと同じであります。すでに今ある状態は、「過去の自分の心の波長」で受信している状態ですから、自分の受信機（心）の波長をかえさえすれば、いつでも幸福を自分の身辺に受信してあらわすことができるのであります。

奴僕宮《ぬぼくきゅう》――これは民主主義の現代ではあまり相応《ふさ》わしくない名称であります。これは自分の部下の状態をあらわす部位で、頤《あご》の一番下の部位（地閣《ちかく》）の左右であります。その人の領地または家屋敷の周囲に仕える人々をあらわすので、ちょうど領地や家屋をあらわす地閣宮の左右両辺になっているのであります。この部位《ところ》が豊かにふっくらとしている者は、多くの部下を得て、家業が繁昌するのであります。この部分が痩《や》せて肉付の悪い者は、家に雇人《やといにん》なく女中も下僕《げぼく》もなく、会社に行っても自分が奴僕《ぬぼく》になる方で部下がないのであります。この部分に暗い色の斑紋《しみ》や黒子《ほくろ》があるものは、部下に裏切られて思わぬ禍《わざわい》を受けるおそれがあります。こんな人は、どうしたらその禍を避けられるかと言いますと部下（または周囲）の人に深切をつくし、常にやさしい言葉を使い、目上だからとて威張ることなく、神想観をして、部下を「神の子」としてその完全なる「実相」を拝むようにするとよいのであります。そうすれば、自然に奴僕宮もふっくらとして来、部下もふえてまいりまして運命がよくなります。実相を拝むというのはどういうようにすればよいかと言うと、『生命の實相』観行篇の神想観の実修法または『詳説神想観』をお読みになればよいのであります。

この部分の発達している人は畜産業をやると繁昌することになっています。家畜も或る意味では奴僕であります。

信仰宮——というのは、カミ（神、髪）に接する部分で額の上部の両横角である。この部位《ところ》の広い人は信仰方面の天分がすぐれているので、宗教団体の幹部になる人の大部分は、そういう人相を持っている人であります。

大体、額が高く秀でて、その上部左右の角が潤《ひろ》くなってその部位《ところ》の清く、汚点のない人は、宗教心強く徳義を重んじ、理智も信仰も倶《とも》にすぐれていて信頼し得る人なのであります。この辺が狭くて、凹《くぼ》み、かつ斑紋《しみ》のあるような人は信仰心も薄く、たとい信仰しても迷信に陥りやすく、理智に蒙《くら》く、道徳心少く、信に悖《もと》る行為を平気でやりやすいのであります。この部分が狭くてほとんどなく、かつ額が後方にははなはだしく傾斜している者は、猿の面相に似ているのでありまして、性質が野獣性で、平常は信頼できるように見えていましても、時に興奮すると、狂暴性を発揮してゴリラのごとき残虐を行うことがあるのであります。

もっともその人が正しき信仰に入り、かくのごとき人相に生れたのは、過去世にそのような生活を送って来たものが生れかわって来たのであると、みずからを深く反省懺悔し、その償いをいたしましょうと決心して、常に神想観を励み、神と自分との一体感を深めますと、生れつきそのような人相の人でも、平和で豊かな幸福な生活を営むことができるようになるのであります。

山林宮《さんりんきゅう》――これは父母をあらわす日角《にっかく》、月角《げっかく》の外側で、信仰宮の真下より中央へ少し寄ったところにあたっております。

ここの発達してたくましく美しく、疵《きず》なく、黒子《ほくろ》なく、よき色沢《いろつや》の出ている人は、山林鉱山の所有、売買等によって好収入を得ることができるのであります。この部位《ところ》の発達が悪く、また黒子《ほくろ》があったり、疵《きず》があったり、斑紋《しみ》があったりする人は、あまり山林や鉱山には手を出さない方がよいのであります。またこの部位は登山とか山上の観測とか、山林探険などの場合の遭難等をも予知し得る部分に当っております。山林宮が信仰宮の下になっており、日角、月角（父母宮）の隣りにある点から察してみましても、山林における禍福が「信仰」と「父母祖先」等に関係しているのが明かであります。山（鉱山）における収獲のごときも信仰心篤《あつ》く、先祖に福田があって——言い換えると祖先が善根を積み、みずから財を出して人を救ったというような天の倉にたくわえた富があって、しかも、その人が先祖をよく供養し父母に孝養をつくすというような場合には、思いがけない大鉱脈にぶつかることがあるのであります。鉱山は神様であり生物であるというのは、こういう点からも言えるのであります。

遷移宮《せんいきゅう》または**駅馬宮**《えきばきゅう》——これは額の両側であり、辺地宮《へんちきゅう》は両側の上部で転宅《てんたく》を司り、駅馬宮はその下部で旅行を司るのでありますが、ともに移動に関する吉凶を見る部位で、総称して遷移宮《せんいきゅう》とも言うのであります。

額全面を心の広さとしてあらわすと、その両側は、心がその周辺に移動したところにあたりますから、肉体は心の影という道理で、この両側が移転とか旅行とかをあらわすことになるのであります。この部位《ところ》に色の暗い黒子《ほくろ》や、瘢痕《しみ》や、痣《あざ》がある人は旅行によほど気をつけなければならないのであります。常に黒子や、瘢痕や、痣のない人でも、その日に顔面を相して見て、何となくそこに黒色が漂うているようなときには、飛行機に乗ったり汽車汽船の旅行は見合わせるのがよいのであります。この部分に美しき色が出ている時は旅行をしたり、建築をしたりして利があるのであります。

家庭宮――家庭の状態は眼の周囲で見るということは前に申しましたが、特に両眼の「眼がしら」といわれる鼻と眼の内眥《うちがわ》との間は、家の内側をあらわすものでありまして、ここが美しき人は家庭の調和が得られていまして、夫婦仲よく、兄弟互に深切に、一門和楽していることをあらわしております。この部分及び眼の下の皮膚が黒ずんでいる者は、家庭が乱脈で色情の葛藤が絶えない状態をあらわしているのであります。

時運宮《じうんきゅう》――これは鼻翼《びよく》、すなわち鼻の両側の小鼻にあたるところであります。これは小人形型観相法では、睾丸にあたる部分で、内に金《きん》を蔵する象徴をもっており、古い観相法ではこの部位を金甲《きんこう》と称し財福をあらわしているのであります。この部分はその人の金運をあらわすばかりでなく、時運に乗じて何事でも好運に処理し得るような人は、この部分が発達しているのであります。

意志宮——意志の強弱をあらわす部分が意志宮である。これは顴骨《かんこつ》すなわち頬骨によって観るのである。男性的な気《き》骨《こつ》稜々《りょうりょう》といわれるような人達はいずれも顴骨ひいでたる人が多いのである。鼻を「我《が》」をあらわすとすれば、顴骨は、鼻の周囲すなわち世間に対して、自我の意志力を張り出した象《かたち》である。だからこの部分のひいでたる人は、外部に対して自己を主張する力が強いから、一度言い出したことは必ず通そうとするような頑張りがあるけれども、それだけまた外部の人と衝突するおそれもあり、極端に自己を主張しようとすると、人からきらわれるものであるから、よくよく自分の性格を内省して、他を破壊するような意志力の発動をつつしむようにするがよいのであります。

頬骨が張り出ているのにも、これを大体に分ければ二種あるということができるのであります。前へ向って突出《つきだ》しているものと、左右に向って側方へ突出しているものとがある。

前へ向って突出しているものは前進型とでも言い得るもので、自尊心、自信力とも強く、これに前額部が発達して知能優秀を示している場合には、団体の指揮者として優秀であります。頬骨が横に突出している者は、中心から横にあまり張り出したら物は破壊されるのでありますから、破壊性、獰猛性《どうもうせい》、横紙破《よこがみやぶ》りの性格をもっているのであります。南方に居住する食肉人種の頬骨のごときは、このような顔貌をそなえているのであります。これは獰猛なる猛獣の容貌と、馬牛のような温和なる家蓄の容貌とを比べてみれば最もよくわかるのでありります。猛獣は頰骨が張り出しておりますから、おおむね丸顔に見え、馬牛などは頰骨が張り出していないから、面長な顔に見えるのであります。現代の婦人がだんだん「丸ぽちゃ」になってくるのは、肉食の分量が多いためにだんだん食肉獣の容貌を備えて来つつあるのでありますが、一面から言えば「横ひろがり型」の性格を帯びて来つつある事をもあらわしておりります。すなわち周囲から圧迫されないで、ぐんぐん自己拡張を進めて行く性格がその容貌にあらわれているのであります。

これに反して、外部から屈服を止《や》むなくせしめられている封建時代の婦人などは——あの歌麿の浮世絵にあらわれておりますように頰骨の突出《とっしゅつ》がほとんどなく、馬のように面長な表情をしているのであります。これは自己を外に主張せず、そのまま治まっていた頃の婦人の性格をあらわしているのであります。公卿《くげ》華族などの容貌にも、いわゆる「上品型」で顴骨が張り出ていない人が多いのであります。

命門《めいもん》——というのは耳の前方一帯であります。運命の門というような意味で、こう名付けられたのであります。耳の孔《あな》を「風門《ふうもん》」と言いまして、この部分に紅潤な色がでておれば近くよい事が出てまいります。時運宮《じうんきゅう》の鼻翼《びよく》の状態と、命宮《めいきゅう》ともいわれる眉間《みけん》（印堂宮《いんどうきゅう》）の状態と、鼻（自我）にあらわれている気色とをよく参酌《さんしゃく》して、現在の運命を判断すべきであります。

すべて、これらの点が肉付が豊かで、光沢があり、濁りがなく、しみがなく清らかなのがよいのであります。いささかでも自分の人相に欠点があるときは、それは自分の心の状態があらわれているのでありますから、よくよく自己反省して、その心の欠点を取去るようにしますと、人相の欠点も消え運命がよくなるのであります。

その人の運命を観ますには流年法《りゅうねんほう》というのを用いるのであります。流年法というのは、何歳の時の運勢はどこにあらわれるかということを、人相の部分によって数えるのであります。流年法は大体、七の数を完成の数として数えてまいります。左の耳から数えまして、左の耳の輪の上部（天輪《てんりん》と言います）が一歳の時の運命で耳を七等分に分けて、左の耳の一番下のところ（下輪《かりん》と言います）が七歳の時の運命であります。そして八歳になると右の耳の天輪を見まして八歳の時の運命を占います。そして耳を七等分して右の耳の一番下が十四歳の時の運命であります。

大体、耳の形は先天的にきまっていまして、それほど変化のあるものではありませぬ。したがって、また十四歳までのその子供の運命も大体きまっていて、それほど変化のあるものではないのであります。

昔、日本では十五歳になると元服《げんぷく》すると言って運命が新たになりました。それで十五歳からは新たなる部位《ところ》にその運命の象徴を見出すのであります。

髪際《はえぎわ》から額の中央までを七年間にわけまして、髪際が十五歳の時の運命、額のまんなかが二十一歳の時の運命であります。七歳ごとに運命の周期が異るのが普通でありまして、終戦前までは二十一歳が徴兵適齢となっていまして、運命がかわったのであります。現在の学制におきましては数え年八歳で入学し、六・三・三制で進学しますと、小学六年を終るのが十四歳でありまして、これで耳を以《もつ》て象徴する一時期を終り十五歳で中学に進学して運命がかわります。そして中学、高等学校を卒業しますと、二十歳になります。高等学校を卒業して、すぐ上級学校へ入学できる優秀な人もありますけれども、まあ一年はすべって、補習学校へでも入学してから大学へ進学する青年が随分多数あるとしますと、その多数は二十一歳（七の倍数・流年法による場合は、すべて数え年で運命を観察いたします）で大学へ行き運命がかわるのであります。女性は大体これ位の年齢を運命の転機として結婚するのがよいのではないでしょうか。

二十二歳（額の中央部）から七年間（二十八歳）は次の運命の周期に当ります。この二十八歳の点は、流年法によりますと、眼を開いて上眼瞼《うわまぶた》の高さぐらいになります。この七の四倍すなわち二十八歳位を境として、男性は思慮分別が定まり、一定の職業に落着いたり、妻を娶《めと》って運命が定まるのであります。

もっとも、全ての人の運命がその通りになるというのではありませぬ。この流年法による顔の部位の色沢《いろつや》、黒子《ほくろ》、痣《あざ》、シミなどによって、その年の運命に消長があるのでありまして、それにしたがって、その年の運命の消長に従ってその年に結婚できなかったりできたりする事になりますが、それは自分の心の持ち方で、その部分の皮膚の色沢《いろつや》やシミなどや肉付の豊かさなどが変化してくるのであります。

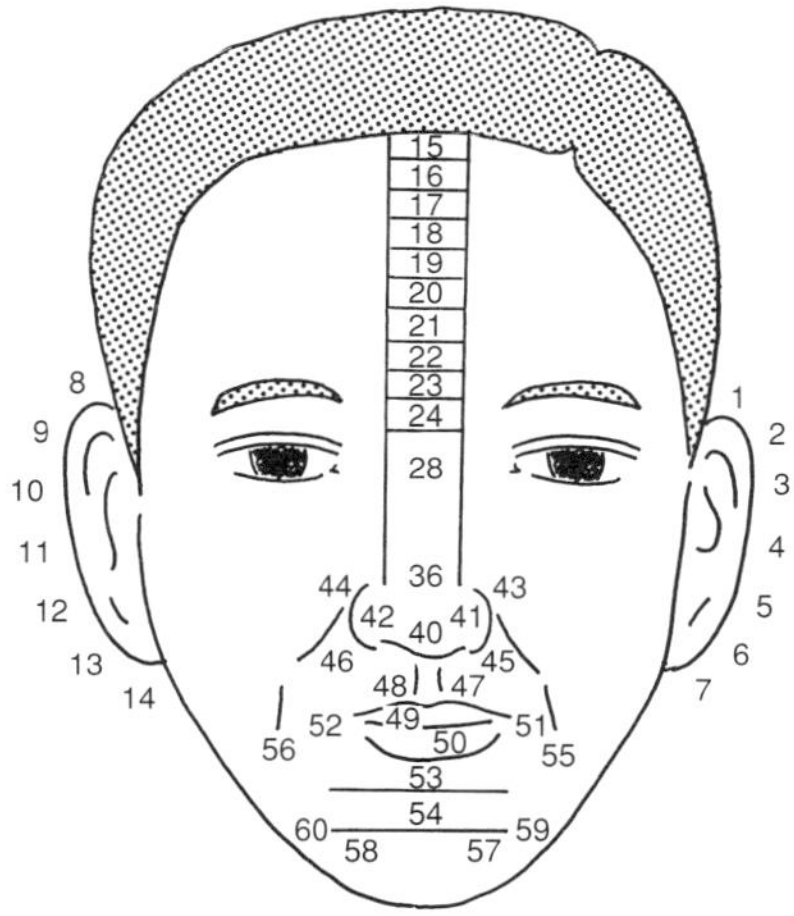

六十流年図（大略）

その二十八歳頃から身が定まり一定の職

業を得ましても、（たとえば会社員になりましても）急に出世をするわけにもゆかない、次の七年間はあまり運命が急に変らないで少しずつ月給もふえ、多少ずつ運もよくなってくるので、これは眼の高さの鼻の部分からだんだんその鼻が下へ行くほど肉がふっくらとなり、小鼻の上の境のところが、七の五倍数の三十五歳となります。このあたりから、人間の運命をあらわす鼻は、その両翼《りようよく》を急に張り出しているのですが、それと同じく、人間の運命は一大転機を来して三十五歳位から鼻は太さを急に満して「金甲《きんこう》」（鼻翼）が左右にひろがってくるのであります。

大体、鼻の、鼻翼《びよく》のある高さのところが三十六歳で鼻の頭（準頭《じゅんとう》）の尖端が四十歳になり、左の鼻翼が四十一歳、右の鼻翼が四十二歳となり、三十六歳から四十二歳までの七年の一期が終るのであります。三十五、六歳からいよいよ運命発展の初期に入り、以後七年間、四十二歳で運命成就期に入るわけであります。

四十二歳が厄年《やくどし》だと言われているのも、七の倍数の運命の転換期でありますから、突然として運勢がむいてくる人も、突如として運勢が一段落になる人もあり得るわけです。すなわち流年法によって観察すると、鼻の一系列で数えるところが四十二歳で一段落していますから、この年が運命の転機を画する歳だということができるのであります。私が東京へ出て生長の家大発展の基礎を築いたのも、四十二歳の時であります。しかし、すべて流年法には一年位のズレが前後にありますので、四十二歳の厄年でも前厄《まえやく》、後厄《あとやく》などと言われているのであります。

四十三歳から四十九歳までが数霊の上から言うと一周期になります。（七を一周期とするのは、一七日《ひとなぬか》、二七日《ふたなぬか》、三七日《みなぬか》……等と数え、七の七倍の数四十九日を満了すると「満中陰《まんちゅういん》」と言い、神道ではその翌日が五十日祭で、幽魂の浄化が終って霊界に上昇するということになっております。）肉体人間の運命も四十九年を一周期として、過去の時代には人生五十年と言われたのも、やはりこの辺に人間の運命の一段落の最大公約数があるからであります。小鼻の周囲から上唇《うわくちびる》までが四十三歳から四十九歳まで、下唇は五十歳の運命をあらわしております。それから六十歳までは説明を読むより図解を見ていただく方がよろしいのであります。

六十一歳からは再び左の耳に帰ります。左の耳の孔の入口に濃く毛の生《は》えたのは、六十七歳以上の長寿の相《そう》であり、右の耳の孔にもその入口に耳毛《みみげ》の生えたのは七十二歳以上の長寿をあらわしております。それを超えると、左の眉に特別に長い毛が数本混ってあらわれます。これは七十七歳以上の長寿が約束されております。さらに右の眉にも同じく数本の長き毛が生じますと、八十四歳以上の長命ということになりますが、それは身体の衛生如何《いかん》、食事の節度如何、心の調和如何によって、これまた変化せざるを得ないのですから、その点はよろしく『生命の實相』の生活篇に書かれてある生長の家の生き方を実践して、できるだけ長寿を得られんことを希望するのであります。

心によって人相は一変する

♣一見して相手の性格を知るには

ちょっと出逢ったときにこの人は、どんな性質の人であるかということは一見してその人の顔の輪廓でわかるのであります。

栄養質　大体、一見してまん円い顔をしている人は、栄養質の人であります。快活でありまして、ちょっとのことで神経を尖《とが》らすようなことはありません。こういう人は実業家に適しているのであります。現代の資本主義時代の実業というものは、多少とも投機的性質をもっているものでありまして、真面目《まじめ》に商売しておりましても、高く原料を仕入れたものが、ニユーヨークの相場の下落によって、市価も下ってしまい大損をすることもあるのであります。常に、市価の変動に対して、過《あやま》つことなき臨機応変の処置をとってゆかなければなりませんので、少々の損などでビクビクするような人は実業家には適しないのでありますから、心性質（卵形の顔の人）はよほどその人が坐禅的な修養でもして胆力《たんりょく》を練っていない限り、常に心が動揺して、実業、特に投機的性質をもった商売には適しない。これにはどうしても、この栄養質の人で、少々位損をしても、陰極は必ず陽転すると、どっしりと尻を落ち着けて動じない人でなければならないのであります。

第一図　三種の人相

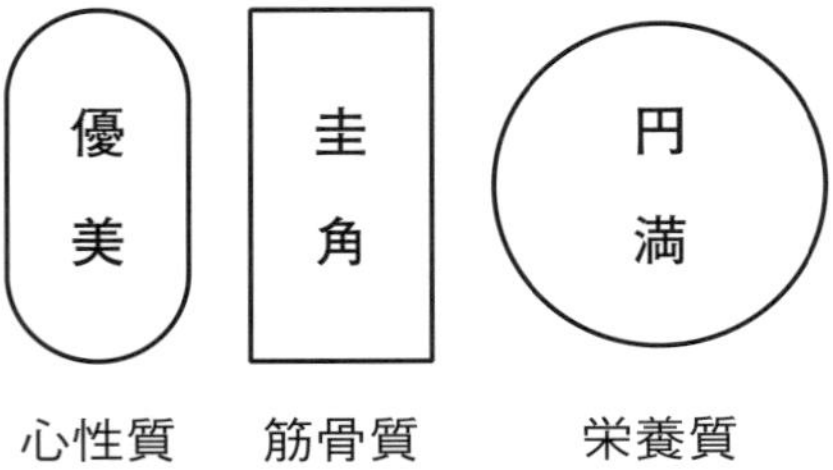

これを「円形」という形相から判断いたしましても、「円形」というものは、どちらへ転がしても、そのままで正面になっており、どんなに向けても角だたない、痩《や》せもしない――まあザッとこういうような性質を持っているのであります。

筋骨質　この顔形は図でご覧の通り四角ばっております。どうも周囲と調和しにくいところがあります。丸くなれませぬ。角が立っております。そのかわりに据《すわ》りがよいのです。ここにこうして私が坐るのだ――と言えば、なかなか動かすことができない。しっかりと坐っております。これは意志型の性質の人であります。筋骨が発達していますから軍人とか武道の教師とか、或る種の運動家には適しているのであります。意志が強いから何をやらせても、相当最後までやりとげる性質をもっているのであります。したがって、これは「線の太い」タイプでありまして、髪なども硬く太いのであります。あまり自己を主張しすぎますと、周囲と調和しないために、手腕がありながら、他から排斥せられて、社会的に認められない惧《おそ》れがあります。

したがって、こういう角型の顔の人はなるべく周囲と調和して、我を出さないようにすると、周囲からその能力を認められて発達するのであります。

心性質　この性質の人の顔貌は卵形であります。卵を立てて置くのはむつかしいようになかなか据《すわ》りが悪いのであります。換言すれば意志が薄弱であります。ふらふらと気がかわる、誘惑に陥りやすい。心が柔弱で、人から威《おど》かされればびくびくする。昔の殿様や、お公卿《くげ》さまが、このタイプであります。

こういうと心性質の悪いところばかり挙げたようでありますが、この性質の人は大体、感受性がデリケートで鋭敏で、美に対する感覚も強く、宇宙の神秘に対しても感じやすい。性質は緻密でゆきとどきます。いわゆる「線の細い」タイプであります。髪も細く長く美しいのであります。文学者、哲学者、音楽家、宗教家などに適しております。実業家になるなら、その実業方面の資料調査課や、経済界の前途見透しに参謀格としてやるのなら成功しますが、少々の変動にもビクビクしますから、みずから大資本を投じて乾坤《けんこん》一擲《てき》の大勝負をやるのには適しないのであります。

♣顔面に於ける知情意の分野

大体こうして、人に対すれば、丸顔であるか、角顔《かくがお》であるか、卵形の顔であるかということを一見して、その性質が、栄養質か、筋骨質か、心性質かを見ましたならば、その次には、その人の鼻を見るのであります。

鼻はすでに述べましたように自我をあらわしているのでありますから、顔の、鼻の高さから鼻の下のところまで（図の点線で示したところまで）顔の中央部三分の一は、その人の自我の強さ、自己主張の強さをあらわしているということができるのであります。顔の中央部が秀でて隆起している人は意志力が強いということになります。意志強き人の横顔はこのよう

に、顔の鼻の部分及び中央部全体の隆起が大でありその占める面積も大なのであります。（第三図参照）

♣知性のみ発達せる人相

第四図は、知性が著しく発達しているが、意志力及び体力などの伴わない人の横顔であります。眼の上の点線から上の頭脳に属する部分が著しく容積の大きいのに気づかれるでありましょう。鼻も小さく痩《や》せていますし、唇や顎《あご》なども発達していないのであります。こういう顔の持主は、とかく、知性のみ発達してその知性を具体化するための、意志力や、体力や財力がこれに伴わない憾《うら》みがあ

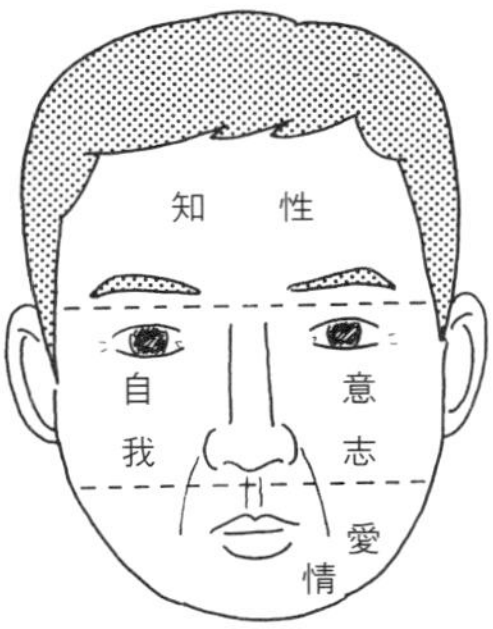

第二図　知・情・意の分野

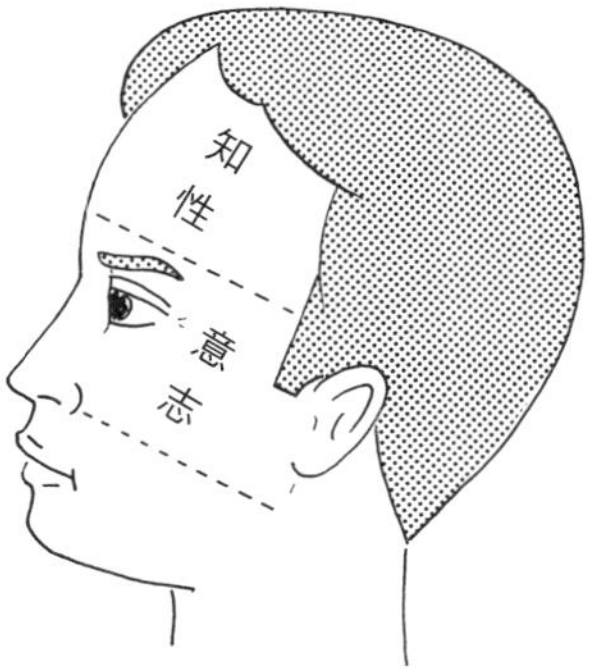

第三図　意志強き人の横顔

るのであります。世を憂い人を愛《いと》しむ詩でもつくって病気になっている貧乏文士に、このようなタイプが多いのであります。知性はすぐれておりますが、「顎」が小さい、したがって「部下」が少い、彼を讃美する読者などが少いことをあらわしております。

♣晩年の愛情豊富の人相

第五図の人相は、栄養質の横顔でありまして晩年に至っても栄養も体力も衰えず、多分、その職業とする実業も順調にいって、部下も財産も相当にあります。家庭的な愛情も豊富というところでありますが、ともすれば愛情があり過ぎて、蓄妾《ちくしょう》などのために問題を起すことがありがちですから、このような人相の人は、充分精神修養に志して、家庭を円満にすることを第一とせねばなりませぬ。また、このような人相をもった人を良人とした女性は、常に良人に従順に、常に愛情ある微笑と、優しい言葉使いとをもって良人に仕えるようにするならば、家庭は円満、天国浄土のような生活を送ることができるのであります。

だいたい、その人の知性の発達の度は、耳の孔から額の正面の髪際までの寸法の長さによって測るのでありまして、その寸法の長いものは脳髄がよく発達しているという事になっております。だから耳は真横から見て、中央よりも後方に寄っているのがよいのであります。動物は、耳より前方の脳髄が発達していないで、高級なる精神の発達はないのであります。人間におきましても、後頭部は下級感情をつかさどる部分でありまして、この部分の発達している人はおおむね肉体的または家庭的な愛情が濃厚なのであります。もっとも肉体的愛情も家庭的な愛情も共に必要なものでありまして、肉体的家庭的愛情があまりに乏しき時には、家庭を捨てて山に籠ったり、ただ学究ばかりに熱心であって妻や子を可愛がらないおそれもありますから、別に後頭部が発達しているのが悪いというのではありませぬ。

ただ、すべては調和することが必要なのでありますから、高級感情が発達しないで性的感情ばかりが発達しています場合には、バランスが取れませぬから、肉体的愛情が溢れ過ぎて、かえって家庭を破壊すること

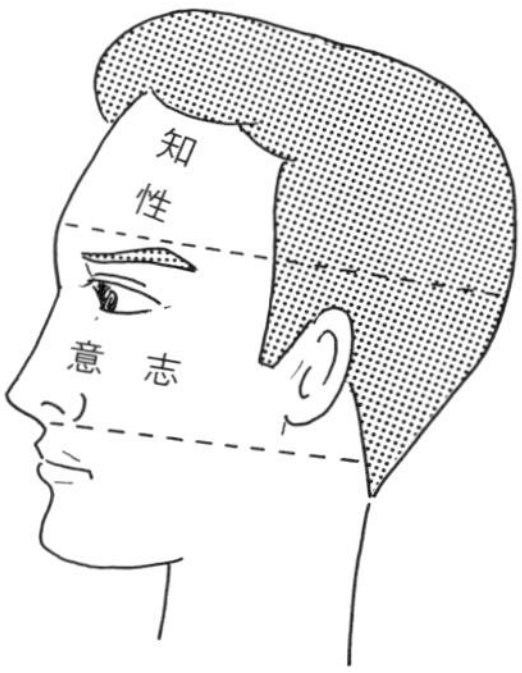

第四図　知性に比較して
意志弱き人の横顔

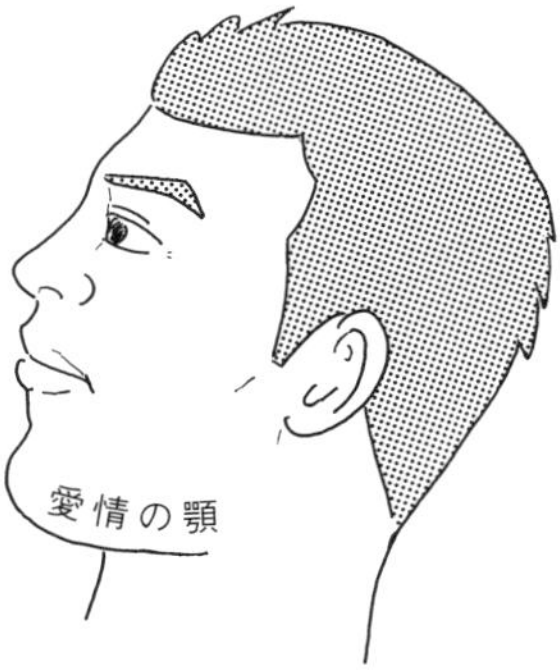

第五図　愛情深く晩年に至るも
衰えざる人の横顔

にもなりますし、美的情操や宗教感情などの高級感情ばかり発達して（前頭部）、後頭部が司る家庭的愛情や肉体的愛情がそれに伴わぬ場合には、これもまた家庭の悲劇を起す因《もと》になるのであります。この点は、自分の人相を自分でよく考えてみて、自分の足らざる所を特につとめて補うようにすることが人生を幸福にし、偏《かたよ》った生れつきの性格を、みずから撓《た》め直して円満な人格にならしめる上に非常に役立つのであります。

人相を知るということは、宿命として「自分に与えられている運命はこれこれであるから、もうこれは宿命であって、いたし方がない」とあきらめてしまうために知るのではないのでありまして、それを知ることにより、自分の長所と短所とを知り、長所はますますこれを発達せしめ、短所はこれをできるだけ補うための示標となすべきもので、それゆえにこそ人相研究の価値があるのであります。

顔面の中央部は意志力をあらわしておりますが、横顔でもやはりそうであります。すなわち耳の前の部位に「命門《めいもん》」と言って長寿をあらわす部分があり、耳の後方に「抵抗性」と名称づけられている部分（手で自分の耳の後部を触ってご覧になると「耳骨《じこつ》」と言って突出《つきだ》している部分）があります。（第六図参照）これが充分発達している人は、病気や災害に抵抗する力が強くて長寿するのであります。

大体、人間の脳髄の発達を西洋の観相学では七期に分けているのでありまして、大別すると第六図のようにその発達の順序がなっているというのであります。第六図の一、二、三等の数字は、その発達の順序を示したものでありまして、第一層期（後頭部）、この部分は性的な愛情をあらわしています。すなわち「配偶性」を左右にして、その中央部に「愛児性」があり、夫婦に抱かれて「児童」ができている形をあらわしております。この部分の最下部が「肉情性」をあらわすところになっています。夫婦関係の一番下層の働きが肉情であることは、「形は心の影」と言う方面からも大変面白いと思うのであります。そして、「肉情性」――その上に「配偶性」その配偶に左右から包まれて「愛児性」があり、その上に「居宅性《きよたくせい》」があって、夫婦と愛児の上に家庭が築かれるという「心的関係」が骨相の配置の上にもあらわれているのは大変興味あ

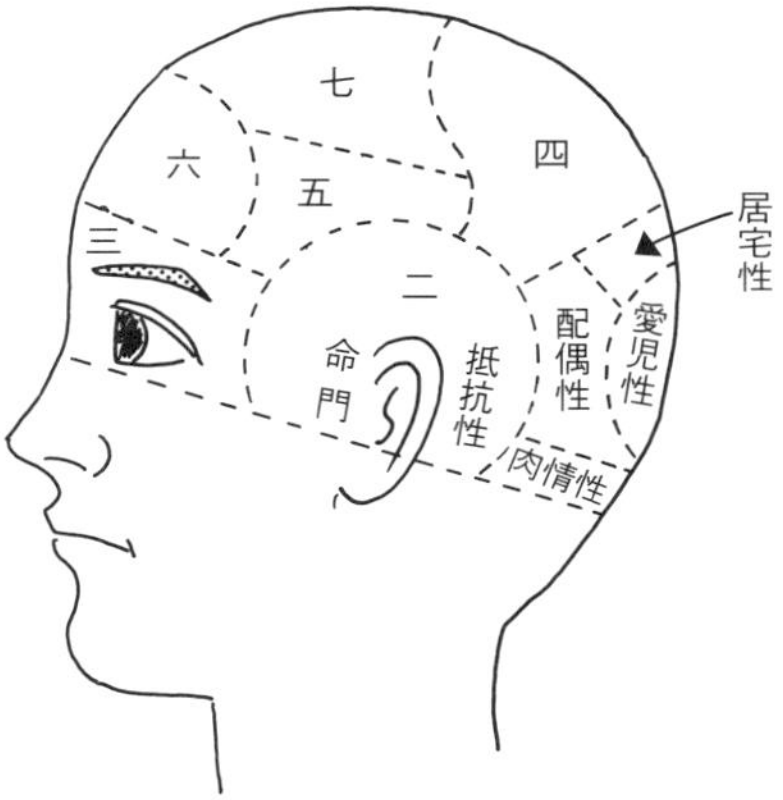

第六図　心性機関区分大略

第一層期　家庭愛情層
第二層期　自衛防禦層
第三層期　観察記憶層
第四層期　自尊抱負層
第五層期　審美趣味層
第六層期　直覚推理層
第七層期　霊妙尊崇層

ることであります。

♣現代人の人相と元禄時代の人の人相

人間の人相は、その食物によっても変化してくるものであります。これは類をもって集る法則によってもそうなるのであります。

大体、肉食をする動物は、肉は臼歯《きゅうし》によっては噛《か》みくだけないものですから、それを咬《か》み切るためには犬歯のような尖った鋭い歯を必要とするのであります。そして顎の関節に非常に強い力を必要とするのでありますから、その歯の形は、その前歯（門歯）さえも犬の歯のようにとがってきますし、顎の関節が発達してまいりまして、顎の骨及び筋肉が横ひろがりになりますから、次第に丸顔になる傾向があります。

元禄時代の美人の顔貌《かおかたち》の、浮世絵などで見られる人相は、現代の美人の容貌とは異るのでありまます。もっとも歌麿などは当時の知識階級を描いたのではなく、市民としての婦人を、そして多くは花街《いろまち》などの女を描いたのでありますから、知性の輝きなどは無論みられないのは当然でありますけれども、単に形の上からのみ申しましても、馬その他の草食動物のように非常に面長《おもなが》な顔貌をえがいているのであります。

草食動物は、あたかも菜刀《ながたな》（庖丁）で野菜を切るように、菜葉や草の茎などを嚙み切らなければなりませんし、野菜または野草は草丈《くさたけ》が長いものでありますから、それを口に頰張るためには、相当、口中に奥行が必要でありますから、自然と口蓋《こうがい》が延びて草食動物は顔が長くなっているのであります。草食動物は残忍な心を起しませんから、その表情がのびやかであります。これに反して肉食動物は常に虎視眈々《こしたんたん》として獲物をねらっておりますから、表情が精悍《せいかん》であります。それは浮世絵にある元禄美人の表情と、油絵にある現代女性の表情との相異だといえましょう。

人相は過去（前世を含む）の念の蓄積を表情に表《あら》わしているものですから、心が何かの動機で一変すれば人相も手相も変るのであります。次に九州の一誌友から来た人相一変の体験を掲げまして、どんなに心の思いが人相手相を変化させるものかという実例にいたしたいと思います。もっともこの体験談には『生命の實相』を読んだほかに、名前を変えたことや、その観相家のいった言葉の力も彼女の心を転換する一つの動機になっており、それは運命を一転する契機にもなっておりますが、名前に捉われて、選名の先生に転々として名前を換えてもらいながらも運命がよくならず、心が転換せず「不運、不運」と心に「不運」をつかんで「不運」から脱却できぬ人もありますから、生活環境中の何かを一変することによって、「心を完全に一変する」ことができれば、それが運命転換の鍵になるということを、次の体験談は証明しているのであります。

♣『生命の實相』を読んで人相が一変した実例

『谷口先生ありがとうございます。私は二十八歳になる二児の母でございます。わが身の幸福を思うにつけても、私は手紙を書かずにはおれなくなりました。私「生命の實相」を全二十巻二月八日から読み始めて、只今二十巻目のなかばを読んでおります。読み出してからというもの次々に読まずにはおれませんでした。この感激を何といってよいか解りません。これ程偉大な教えにふれることができたのはきっと祖先の守護が私を導いて下さったのだと思います。

私が十八歳の時、日本一といわれた観相家石竜師が、高齢で最後の九州行きとして来られた時、観てもらいましたら、「あなたは無病健全でいつまで生きるか解りません。二十八歳があなたにとって転換期となります。あなたは宗教の神髄にまで達する人ですよ。私の生存中に東京へ来たら寄って下さい」とまでいわれました。私は面映《おもは》ゆくて、そんなことがあるものかなあ！　と思ったものでした。そしてそのことは忘れてしまっておりましたが、或る動機から「生命の實相」を読みたくなり、読み出したところが、わが心の真実の願いをみたすものがありありと書かれているのでございます。黒雲の様に真実を覆っていた迷いが次々に指摘されて、人ごとではない、私の真実の姿が一ページ読むごとに新しく展開するのです。「生命の實相」は、私がすでに知っていながら気付かなかった心を、いちいち指摘して目覚めさして下さっているのです。私の生命の実相《ほんとのすがた》を谷口先生が書き示して下さったのだと思えるのです。

私は今、自分が二十八歳であることを思い、私が自分では思いもかけなかった転換期が「生命の實相」、谷口先生にふれることであったことに気づきました。そして、生命の実相顕現に生き抜くことこそ、我が谷口先生の教えをひろめ伝えることこそ、我が生きる使命だと感じているのでございます。

私は早くから、切実に我がいのちの真実を求めておりました。二十一歳の頃、自分の理念を表現したい、と思って作っていた詩を、今読み返している時、そこに生命の真実を見出し自分でも驚くのでございます。その頃私は、父の書棚から「生命の實相」を引き出して来て、興味あるままにひろい読みしていたのが私の理念を、導いて行ったのだと思います。十九の時、しきりに東京に行きたくて、空に向って、「東京に行きたい」と一心に言っていたら、東京の伯父がひょっこりやって来て、人手が足りぬからしばらく、私を東京へやってくれと頼みに来ました。この伯父のところで「生命の實相」を見出し一巻を少し読みました。こっちの伯母が女医さんで、生長の家に熱心でした。伯母は「誰か良い人が来てくれますように」と祈ったそうです。それと同じ頃、私は急に東京に行きたくなり、伯父がひょっこりと、それこそ二十年ぶりに、私のことを思い出して、というのではなく、久し振り九州に来たから私の家にも立寄ったところがそこに私を見出して、よろこんだわけです。この時も（伯父の家の書棚に「生命の實相」を見出した時）私は、「生命の實相」はよほど私に縁があるのだなあ、と思ったので一巻借りてひろい読みしたのですが、まだ時機が来なかったのでしょう、読みふけることもいたしませんでした。また、亡き母が、仏教に熱心で「正信偈講話」などがありますので、読みたくなって、朝三時半頃から起きて毎朝読んだことがありました。ちょうどこの頃書いた私の幼い詩を、私の心をお導き下さる親様、谷口先生に捧げたいのでございます。この詩に対して、一言でも先生の御言葉が戴けたら私のよろこびはこの上なきことに存じます。追って次によろこびの体験談をおきき願いたいのであります。

私が「生命の實相」を読み出した動機と、「生命の實相」を読んで成し得た運命の変化について、感謝の報告をさせて戴きます。そしてまた、二十八の時、私の運命の転換することを十年前に指摘されていた事実をただいま思い出す時、唯々み恵みの中に生かされている自己を思い感激せずにはおれません。

過去において私は迷いの深い女でした。自分の心を自分でもてあまして、「神様、私の心をみんなおまかせいたします。自分で自分は無いものと思います。どうぞみ胸のままにお導き下さい」と言って、涙ながらに一所懸命祈りました。こんな時はただ、生かされている事実に感激して、総ての総てに感謝したくなるのですが、すぐにまた煩悩の、とりこになって死にたいと言って泣いていたのです。幸福過ぎることが不安でした。この幸福がいつまで続くのだろうかと思って心配しました。こんな私でした。闇と光の間を行きつもどりつしながら、それでも、真実の光を求めておりました。こんな私に神様はいよいよ動機を与えて助けて下さったのです。（私にはそうとしか思えません。）私はいままでの迷いも、私を真に目覚ます為にあったのだと思えるのでございます。昭和二十八年二月八日、私は、父や義母、義弟等と喧嘩をして、どうなるものかと、トランプ占いに見てもらいました。その時「あなた程、幸福な人はありませんよ。それをあなた程、心配せんでよいことまでいちいち心配する人もない。こんなでは生きてゆけませんよ。これでは自分で自分の寿命を縮めます。御主人は、愛情も深い、申しぶんのない方です。人生を山に例えるなら、頂上まで登り着く方です。子供さんも立派に成人します。問題なのはあなたですよ。三十二位で病気をして四十二で死にます」と言われて「はっ」と迷いの雲が晴れました。自分の迷い心に甘えていたのだ。この運命は迷い心の運命、滅びるはずの運命なのだ。本当に自分を取戻して、自分の本当の運命の上に立つのだ。石竜師は「貴女は、無病健全でいつまで生きるか解らぬ。非常に長寿だ」と言われた。宗教の神髄を摑む人だと言われた。そして、二十八歳が私の転換期であることを言われた。「そうだ、これはきっと、神様のお与え下さった動機に違いない」と叫びました。そして、石竜師が、名前を変えませんか？　と言われた時、私は、何となく気が進まなかったのが今更の様に思出されて、私は、その足で観相家のところに行って、姓名判断をしてもらいましたところ、小夜子は、小《さ》は小さく孤立して、次に来る字が夜だから、これではとても救われません。よほど修養しても駄目です。しかも、生命数に入っていませんから、すべてに安定がなく不安な感情に支配されます。三十二と四十二がやく年です。というとトランプ占いと、同じです。手相もなかなか良い手相だが二十九頃から身体が弱り始める（今まで病気らしいものは一切なく、同じ家族の内でも私は何かにつけて幸運に恵まれてきました）とのこと、私は早速名を変えて、育子《やすこ》と命名してもらいました。私はこの名が非常に気に入りまして

いっさいを親（神）にまかせて安らけく育ちゆく子と吾はなるらん　育子

すなわち、やすらかに育ちゆく子だと考えました。観相の先生は「名前を変えよう、という気になっただけでも、貴女の運命は変ってきます。思いが変れば手相も違ってきます。六月にも一ぺん見てあげましょう」と言われました。私も自分の運命の変ることには確信がありました。そして今迄いくたびか拾い読みしたことのあった「生命の實相」を一巻から読み初めました。

十二巻読んだところで六月も末になりましたので先生に手相を観てもらいますと、驚かれました。「すべてが非常に順調に整っております。これではもう、病気も不幸も災難もありません。何といって注意することもありません。あなたの眉間のところが何の蟠《わだかま》りもなく澄みきっております。人相が非常に変りました」と言われました。そして手のすじに今迄なかった縦の線が、いつの間にか深く刻まれているのを指摘して下さいました。そして「八月頃、御主人にきっとよい知らせがありますよ。今年、来年、さらいねんとますます良くなります」とのことでした。もう、二十九頃から身体が弱り始めるなどとは嘘になってしまいました。（八月に来る主人の良い知らせは、銀行の係長だったのが、

課長を一足飛びにして、支店長代理の辞令をもらいました。これは全く意外な良いことでした）そこで今度はトランプ占いの方に行きました。これは二月八日に見てもらった時、五月に家を移るとか、十一月に子供ができるとか言われたのが、一つも当らぬから、きっと運命が変ったのだと思うからもう一ぺん見て下さいと申しました。トランプ占いの先生も驚かれました。「こんなことは千人に一人位もないことですがねェ。前に見た（出た）占いが全く虚構だったということが出ております」と言われるのです。これは、百円の簡単なので見て、又千円も出してくわしいので占ったものでしたから、「三十二で病気するとか、四十二で死ぬのはどうですか」と問いますと、「これは全く違います。そういうことは絶対にありません。責任をもって申します。どうぞ悪しからず。あなたには明るい強さというものが出ております」と言って、頭を掻きながら詫びられるのでした。しかし、私はこの占いを責める気は一つもありませんでした。確かに運命が変ったことを実証してくれたのです。今迄の迷いが晴れて、今迄滅びるべき迷いの道へ進んでいたのが、方向を変えてしまったのですから。「生命の實相」を十二巻読んで、我が肉体は心の影、我が運命も心によって変ることを、そして、我が生命の実相が、神であり、仏であること、久遠のいのちであることを悟らせていただきましたから、運命が全く変ったのは当然だと思いました。

それから私は、ずっと月経が不順だったのが「生命の實相」を読みだした月から正常になって一日も狂いませんでした。洗濯する時、背中が痛かったのも知らぬ間に良くなって、子供も病気をしらず、主人共々に我が身の幸福を感謝いたしております。ありがとうございます。』（九州　財津育子）

♣悪い方角などは存在しない

手相も人相も、その人の心境によって変化するのであり、現在の手相及び人相は、その人の過去の心境が形作った軌跡《きせき》に過ぎないのであります。これからのその人の運命は、彼自身の今日以後の心の状態が決定するのであります。過去の軌跡を見て悲観する必要はない。また方角も、姓名判断も気にすることはない。人間は〝神の子〟であり、神は決して悪い方角など作り給うたことはない。〝十方世界光明遍照〟が実相であるから、どの方向も皆よい方向であります。ただ、あなたは真理を知ることが必要なのであり、あなたの心のうちに〝真理の光〟が点《とぼ》るとき、十方世界、あらゆる方向が明るくなるのであります。

♣私の幼少時代

私が生れたとき、伯母の谷口まさの良人で多少学者であった植木忠次郎という人が、私に谷口正治《まさはる》という名をつけてくれたのであった。ところが、私は幼いとき可愛い幼児だったたので叔母の谷口きぬという人が「自分の子供に欲しい」といって自分の家に連れて帰った。谷口しまというおばあさん（私の実父の生母）がその谷口きぬを愛していて、長兄、次兄と二人の男の子がありながら、その谷口きぬを谷口家の戸主《こしゅ》に定めた位に気に入っていたので、その幼児（正治）を取り返しに幼児の実母が出向いたけれども、「おきぬさんにあげておきなさい」といってきかないので、仕方なしに取返すことができないで、とうとう私は谷口きぬの養嗣子《ようしし》になったのであった。その谷口きぬが石津又一郎氏と結婚した。きぬも戸主であり、石津又一郎氏も戸主であったので、戸籍の上では、結婚してどちらかの苗字にその夫婦はきめることができないまま、養母はそのまま谷口きぬを名乗り、その夫となった石津氏は自然に私の養父ということになったのだが石津姓を名乗っていた。しかし本当に完全な夫婦だったので、その子供になっていた私は親夫婦のうち、夫の姓を名乗るのがよいので、小学校（当時、尋常小学校四年、高等小学校四年あった）にいっていた八年間は、私は〝石津正治〟という名で通って来た。ところが中学に入学するとき、その頃はじめて戸籍謄本を入学願書につけて出す必要を生じて、その謄本を見たときに、私は石津正治ではなく、戸籍の上では谷口正治であり、しかも私は、谷口きぬの「生みの子」ではなく養嗣子と書かれていることを知って驚いた。しかし私はどういうものか、それほどこの問題ではショックを受けなかった。

実父母を伯父、伯母と思っていたし、その実父母に愛着して、私の愛情が実父母の方へ向いて行ったら困ると思ったとみえて、養母は時々、その伯父伯母（実は実父母）の悪評を私にきかせていたので、私はそれを信じていて、その実父母に愛情を感じなかったのかもしれない。

実父母は実に、お人の好い実直な人であった。実父はその臨終が近づいて来たときに、「俺《わし》は生涯のうちに何も悪いことをしなかったが、余所《よそ》の持主の地面に生えている草を刈りとったことが俺のした唯《ただ》一つの悪いことだ」と懺悔したということである。国有地や誰の所有地とも分らぬ山野に自生している雑草を刈り取って自分の飼っていた農耕用の牛の食糧としたり、牧場主にその草を売ったりしたことである。そんな事まで気が咎《とが》めた気のよい人だったのである。また親類の人を訪問する時にも、訪問先の人に迷惑や損をさせたりしては申しわけがないと思って、手弁当で訪問したというような義理固い人だったのである。私の性格の一部分は、この実父から遺伝されたところがあると思う。

しかしともかく、私はこの実父の許《もと》を去って、伯母夫婦のところへ、数え年四歳のとき養子に行ったお蔭で早稲田大学へ行かせてもらい、そこで文学的教養や哲学の素養を培うことができたのである。生家に止っていた私の兄も妹たちも、皆高等小学校どまりの教育しか受けていない。もし私が小学校どまりの教育しか受けていなかったら、今日の生長の家はないであろう。私が強制されたような順序で伯母の谷口きぬの家へ養子に行くことになったのは、単に人間のはからいだけではなく、その奥に神様の摂理の手が動いていたものだと思う。こうして生長の家は、生れるべくして生れたのである。

♣住吉大神と生長の家との神縁

私が関東大震火災によって焼け出されて郷里の神戸へ帰ったのちのことだ。私は神戸の滝道にあるヴァキューム・オイル会社の社員として傭《やと》われた。(『生命の實相』自傳篇参照)実父母の家にある夢野町からは、電車の駅まで行く距離が非常に遠いので、私はどこか会社へ通うのに近い土地に住居を求めたいと思って、神戸の近郊を探していたら、阪神電車の〝住吉駅〟のごく近くに適当な家を見出した。兵庫県住吉村字梅ノ木という所である。二階から見ると、大富豪の庭園が広々と美しく、あたかも自分の家の庭のように見えるのである。

その近所に勇湯《いさみゆ》という銭湯があり、朝の五時から湯が沸くので、私は毎朝その風呂に行き、一番風呂で身を浄めての帰り途、ちょうど、その近くにある「本《もと》住吉神社」に参拝して日本国の隆盛と皇室の御安泰とをお祈りしてから帰るのが例になった。この神社は三韓征伐の時、神功皇后さまが戦勝祈願のため建立《こんりゅう》された神社である。すると住吉大神から霊感をいただいて『生長の家』を出版せよという啓示を受けたのであった。

♣心が変れば姓名の形も変る

住吉村と御影《みかげ》町とは境目川《さいめがわ》という小川を隔てて続いている村と町とである。御影町には有名な御影師範学校があった。その校門の直前に、教科書や文房具を一手に販売して大変繁昌している店があった。関東大震火災で焼け出されて来て間もない私などより、よほど、金持である。しかし名前は、私と同じく谷口正治である。同名異人であり、互いの家と家との距離が三百メートル位しか距《はな》れていないので、郵便物や荷物配達が時々間違えるのである。

このような場合には、正式に戸籍上での姓名も変更することができるので、私はその頃までペンネームとして使っていた〝雅春《がしゅん》〟を、読み方も〝正治〟と同じ読み方に使えるので、法定のごとく兵庫県知事宛に改名届を出して、戸籍上でも正式に私の名前はハッキリと谷口雅春に変ったのである。

五聖閣という姓名判断所の熊崎健翁とかいう先生は、あたかも、私が五聖閣で姓名を指導してもらって、おかげで成功したと見えるような筆致で、私の旧名正治と雅春とを並べて説明している印刷物を実際に配布していたのを見たことがあるが、私は五聖閣の熊崎翁に改名してもらったのではない。心が変れば、象《かたち》あるものは運命でも姓名でもそれに附随して変ってくる事になるもので、私のは、自然に姓名を変更しなければならなくなったのである。

♣夫婦の相性について

夫婦の相性なども、干支《えと》を見てもらったり、年廻りだとか何とかいって気にする人もありますが、それは〝相性が悪い〟から夫婦仲が悪いのでも、その夫婦の運命が悪くなるのでもないのであります。あなたが〝心の法則〟を知らず、真理を知らないからであります。

私たち夫婦は私が二十八歳の時、そして家内が二十五歳のとき結婚しました。このような三つちがいの年齢の者の結婚は〝四惑重厄《しわくじゅうやく》〟と日本では古来いわれて、四方から色々の難問題が起って来、いろいろの災厄が重なって来るものだと信ぜられていたのであります。女の大厄年《おおやくどし》が三十九歳であり、男の大厄年が四十二歳である。大厄年にはその人にいろいろに不幸が起ると言い伝えられており、しかも夫婦の大厄年が重なるというのであるから、重厄《じゅうやく》であり、そのような年には、災厄交々来る《さいやくこもごも》と迷信せられたものであります。ところが、その災厄重なるはずの年に、私は東京の誌友たちから、「是非、東京へ移住して来て下さい。どうしても文化の中心は東京であり、このような文化運動は東京を中心にして始めて大きく伸びるのでございますから」と熱情をもって懇請されるので、私は意を決して東京に移住しました。そして現在私たちの住んでいる家に移ったのが、昭和九年八月三十日でした。

あなたが、もし「人間・神の子」の真理を潜在意識の底の底までも体得するならば、その真理の輝きは四方八方を眩《まぶ》しいまでに光被《こうひ》して、あらゆる面において、不幸災厄が消しとんでしまって、千福万来というような幸福な生活にめぐまれることになります。何よりも、人間は自己の運命をよくするには〝人間・神の子〟の真理を知ることをもって第一とするのでありとます。だからイエスは「真理は汝を自由ならしめん。汝は真理を知らざるべからず」といったのです。

人相と運命をよくする法

あなたは何を信ずるか

あなたは〝宿命〟だとか、〝宿業〟だとか、〝運命〟だとか固定的な、自分を縛るものの存在を信じてはならないのである。運命は自分が造るのである。「信じる」ことによって、あなたは自分の運命を造るのである。あなたは何を信ずるかということだ。物質の力を信ずれば、物質の力によってあなたは縛られる。金力を信ずるならば、あなたは金の力によって縛られる。あなたは薬を信ずれば、薬を服《の》まずにいられなくなる。あなたが神を本当に信ずれば、神の力と手を握らねばならなくなる。ここまで読んで、あなたは何を信ずれば最も自己が強力になるかを知ったはずだ。あなたは神を信じ、その全《ぜん》知の叡智《えいち》と手をつなぎ、その全能の力と手をつなぐがよい。そのとき、信仰の心を導線として、あなたに無限の叡智と無限の能力とが発揮される準備が整うのである。

配偶の観相学的選び方

《『生命の實相』第四十巻より》

♣まず全体の雰囲気を観よ

観相学が成り立つ根本原理は、
三界は唯心の所現、
肉体は心の影、
環境は心の影、
運命は心の影、
形態は心の影、

顔はその人とその住む世界を代表す、

顔の中心部位たる鼻は宇宙または環境の中心たる自己をあらわす。

ということであります。人相は当たるも八卦《け》当たらぬも八卦というような不確実なものではありません。当たるのがあたりまえであって、人間は実にその顔のとおりの心なのであります。嘘も隠しもありません。自己知る、天知る、人知る――でありますのに、お化粧ばかりして、わたしは決して悪い心は持ちません――と澄《す》ましておっても駄目なのであります。心鋭きものは顔も鋭く、心だらけたるものは顔もだらけ、心精悍《せいかん》なるものは顔も精悍であり、心柔和なるものは顔も柔和であります。しかし皆さんが良人をお選びになる上で、精悍が好きか柔和が好きかは別問題でありますが、ともかくこれだけの根本原理を知っておいていただいたら、柔和な良人のつもりで嫁に入ったら精悍な人だったというような予想はずれのことはありません。

ですから、まず相手の全貌を知るには相手の顔全体から来る雰囲気を把《つか》むべきであります。

恋は思案の外――とも申す方もありまして、鋭くても、剣があっても、運命が悪そうでも――その運命の悪そうなところが同情されて好きだというような人もありますが、こういう人は警戒しなければなりません。

不運に対する牽引

あの人は「不運そうな雰囲気の人だ」と直感されながら不運なる人に牽引《けんいん》される人は、その人自身不運の波に共鳴して自分も不運になるべき業（精神波動の集積）をもっている人ですから、その精神波動の浄まるまで縁談をお見合わせになるとよいでしょう。ともかく、不幸に魅せられる誘惑は相手を救うことにならないばかりか自分自身が不幸の中へ墜落することになるのであります。

初年、中年、晩年の運命はこうして見る

人の顔は表情と申しまして情《こころ》をあらわしている。心は運命の因《もと》でありますから、顔は全運命を代表し、その人の全体を代表し、その人の全宇宙を代表するのであります。

そこで全体の雰囲気の観察がすんだら顔全体を縦に三部位に分けまして、その三部位について それぞれ観察するのであります。

一、上停（鼻よりも上部の所）
二、中停（鼻と同一の水平線上にある所）
三、下停（鼻より下部の所）

上はものの首《はじめ》であり、下はものの終わりであります。ですから上停は初年の運命（だいたい二十歳までの運命）を表わし、中停は中年（だいたい二十歳より四十歳）までの運命を表わし、下停は晩年（四十歳以後）の運命をあらわします。ですから額を見て、そこに傷があったり、凸凹《でこぼこ》のある人は、少年少女時代に艱苦《かんく》した人に多いのであります。

肉体は心の影であり、運命を形相《かたち》に平面的または立体的に表現しているものでありますから、肉体に傷があったり黒子《ほくろ》があったりするのは、運命に傷があることを表わしているのであります。上停に傷があるのは、幼時または少年少女時代の運命に傷があり、中停に傷があるのは青年壮年時代の運命に傷があり、下停に傷があるのは晩年時代の運命に傷があるのであります。もっとも黒子は傷と認むべき場合とBeauty-Spot《ビューティ・スポット》と認むべき場合とがありまして、かえって運命の美を強調する場合もあります。それがどちらであるかは、その黒子の色沢《しきたく》なんとなく落ちついた潤いがあれば、それは運命のビューティ・スポットとなっているのでありますます。上停に傷があってもそれは幼少時代の逆境を物語るものであって結婚後の運命にはおおむね関しないのでありますから、中停から下の運命を観ることが結婚上大切であります。

♣皮膚の色沢はどんなのがよいか

皮膚は傷がなく、黒子がないばかりでも、その人は好運とは言えません。底から落ちついた生気ある色沢があってなんとなく潤いをもっているのがよいのであります。色沢と申しましても、皮膚全体がワセリンでも塗ったようにテカテカと上光りをする人は、現在運命の落ちている人であって、落ちつかないところのある人であります。漆塗《うるしぬり》でも上光《うわびか》りのしない艶《つや》消《けし》が上等であって、上光りのする素人向きのは安物なのであります。全体が黄金色に底からしっとり落ちついて光っている人は、その人の背光《オーラ》または複体《ダブル》が金色の光を放っていることを示し、非常にすばらしい運命をもっている人であります。皮膚全体内部から暗黒色が浮き出しているような人は、その人の複体《ダブル》の色沢悪しきを示しているから、運命はあまり良くないか、短命であります。

肉体は心の影でありますから、皮膚の肌理《きめ》の細かい人は何事にも緻密であります。皮膚の肌理の粗《あら》い人は何事も粗雑であります。もっとも緻密必ずしも粗雑よりも善いと申すことはできません。適材適所であります。大砲はピアノの琴線にはなりませんし、ピアノの琴線は大砲にはなりません。最高の幹部となって清濁併《せいだくあわ》せ呑《の》もうという人は、あまり緻密すぎて、気が着きすぎては困ることがあるかもしれません。それで適任者は相当皮膚が厚ぼったい感じのする人がよいのです。しかし俗に蜜柑面《みかんづら》と称せられるところのものは、皮膚（人との接触面）の柔らかならざるを現わし運命が香《かん》ばしくありません。次官級の働き手には緻密な縦横の才が必要でありましょう。皮膚が柔らかい人は心が善い意味においては柔らかく、悪しき意味においては気の弱い人であります。皆さん、さてどんな配偶者があなたの理想となる配偶者でありましょうか。

♣鼻の形と運命

皮膚のことはこれくらいにしまして、顔全体を上停（額）、中停（鼻の高さの部分全体）、下停（それより下、顎に至る）の三つに分けて、それを年齢による運命が形相《すがた》にあらわれたるものとしましたが、上停、中停、下停をさらに次のごとく割り当てることができます。

上　停（天、または長上者よりの恩恵および天分）

中　停（鼻を自己、鼻の左右眼の下、顴骨部等を家族および世間とす）

下　停（天より来たるものを「自己」が濾過《ろか》して積みたる善悪業の集積、福田等をあらわす）

顔面全体をば「宇宙」を象徴《あらわ》すものであると考えますと、鼻はその中心部に位し、誰でも「自我」という存在は、ある意味において、宇宙の中心であって、自分の必要なものを、心に従って引き寄せあるいは反撥するのであります。ですから、顔全体を「自己」と観ることもできますけれども、もういっそう詳しく言えば、「鼻」は「自己」の運命を詳細に語るものであります。「鼻」が「自我」をあらわしている証拠には「自我」の発達していない赤ん坊はいずれも鼻が低いのであります。だんだん赤ん坊が成長して「自我」が発達してくるにつれて鼻は高くなってまいります。赤ん坊の鼻が低いので「こんな低い鼻をしていたら年頃になったら、どんな醜い顔になるだろうか」と思っていると、あにはからんや、年頃には高すぎるほどの鼻になる方もあります。これは「自我」の発達するに従い、その心の影として、肉体の自我をあらわす部分が発達してくるのであります。ですから鼻の高い御婦人を奥さんに貰《もら》いますと、なかなか自説を強く主張して、良人に譲らない方が多いのであります。これに反して鼻の小さい奥様を貰いますと女中さんのようになんでも従順にハイハイと聴いて下さいます。しかし、これも程度もので、あまり低い鼻は下賤の相でありまして、なんでもハイハイと従う結果、女中奉公中に雇主から暴行を加えられて黙っているような婦人の半分がこれに属します。結婚前に処女性を奪われましたが、これを隠して結婚してもよろしいでしょうかなどと、新聞雑誌の人生相談欄などに相談の手紙をおよこしになっておられるような婦人がこういう婦人に多いのであります。そこで鼻は高からず、低からず、鼻先がふっくらとして形の整っているのがよいのであります。低からざるは相当の識見をもち、自尊の心を失わないためであります。あまり高すぎないのがよいのは、あまり自我ばかり強くて人を容《い》れる寛量がなければ困るからであります。

♣観相法は何のために必要か

鼻をわが胴体として観察いたします場合には両眉が両腕に当たり、鼻の下部の両翼《りようよく》のふくらんでいるところ（俗に言う小鼻）が骨盤部に当たり、鼻の両側から八の字にある線（法令と言います）は両脚に当たるとして観察いたします。すると頭は両腕の上にあるべきですから、眉間のやや上部中央部にあたるのであります。頭脳明晰なる人は、この眉間の上部（上停の下部）が鏡のように曇りなくよき色つやをもっています。鼻は胴体でありますから、鼻の上部の細い人は胸部の発達の悪い人であり、胸の狭い（心の胸もせまい）人であります。この処、剃刀《かみそり》の薄刃のように薄い人は剃刀のように人を批評し解剖する性質があり、心が鋭く、同時にデリケートで心の刃《やいば》が毀《こぼ》れ易《やす》い人であります。小鼻の形よろしきは胴体の据わりのよいことであって、運命もよく蓄財もできるのであります。ところが小鼻の小さい方は忍耐（据わり）悪く、蓄財などのできない方であります。そこで小鼻の小さい婦人と、小鼻の大きい男性とが夫婦になりますと、せっかく、良人が儲けてきた財産を奥様が湯水のように使いますので、とかく金の使い方の問題で夫婦喧嘩を起こしやすいのであります。では小鼻の小さい婦人は、小鼻の小さい男性と結婚したならば、どちらも気が揃ってよかろうかとお思いになるかもしれませんが、そうでもありません。夫婦とも気が揃って財産を湯水のように使われたら、どんな豊富な家産でも傾いてしまうでありましょう。ですから配偶を選ぶにはまず自己を知り、しかして相手を知り、自己の集積として荷《にな》える欠点を正直に直視して、それを補う相手を見出し、その相手に従順に従って行けば幸福になれるのであります。

およそ人相を知るのは自己の欠点を知って悲観してしまうためでもなく、他の欠点を知って軽蔑するためでもありません。人の人相はその人の過去の念の集積（業）が形に現われたものでありますから、相手の人相を見ることによって、もしその人が過ちを犯しても、彼はかくのごとき業を背負っているのであるから無理もないと赦《ゆる》しつつ、その心をともに向上せしむるヒントを与えて、その人を不幸より救ってあげるためであり、自分の人相を知ることによって、人相は過去の念の集積であるから、自己の過去を反省し、今後よき念を集積して、いっそうよき運命へ転向しようという努力の契機を与うるがためであります。しかし、小鼻の据わりがよいからといって、日本人でありながら鷲鼻《わしばな》のように鼻が脚をひろげて胡坐《あぐら》をかいているのは感心しません。胡坐は胡《えびす》の坐り方であって、日本人には感心しないのであります。日本人は正しく正坐しなければならない。小鼻の形も据わりがよく正坐したような形をしているのがよいのであって、小鼻がやたらに大きく、鼻の孔もそれにつれて度外《どはず》れに大きいのも感心しません。なぜなら、鼻孔はイキの出入口であって、あまり大きいのは、その出入口に中庸《ちゅうよう》を失ったのを現わしているからであります。鼻の孔は大きからず小さからざるをよしと致します。

♣知情意の判断

次に顔面の上停、中停、下停を知情意に割り当てて観察する方法があります。鼻を含む中停に当たる部位は「自我」をあらわしていることは前に述べましたが、「自我」は意志の中心であります。「我れ何々せんと欲す」と思うことをどこまでもやり通して行こうとする力は意志の力であり、自我の力であります。俗に言う「鼻っ柱の強い」「鼻息があらい」「鼻が高い」というのは自我の力、意志の力が強いのであります。こんなふうに鼻は意志の力を代表しているので、鼻の小さい人は意志の力も弱いのであります。

ところが額を含む天停の部位は天の智慧すなわち叡智をあらわしております。額が広いのは明智の象徴であり、額の色沢麗《うる》わしく光明輝いているのは天の恵みが豊かなるわけであります。動物はいずれも額狭く叡智のすぐれていないことをあらわしております。野蛮人も額狭く、文化高き民族ほど額は広いのであります。

しかし額は広いばかりが能ではありません。いくら額が広くとも後方へ額が馬のように傾斜しているのは知力の低いことをあらわしております。額は広くふっくらと垂直面をもっているのがよいのであります。そこで、

上　停――は智慧（天《てん》）
中　停――は意志（人《じん》）
下　停――は愛情（地《ち》）

を表わすということになるのでありまして、口と顎《あご》とを含む下停は何を象徴しているかと申

しますと、愛情をあらわしております。唇《くちびる》が豊満であって色鮮かであるのは愛情が深いのでありますす。男性の唇は上唇少しく下唇を蔽《おお》うているのが、天が地を蔽う形として正しいのでありります。女性の唇もやはり天が地を蔽う形が正しいのでありますが、女性は地が天を支える形として少しく下唇が上唇を受け支えていてもさしつかえありません。しかし、男性の受唇は地が天を剋していけません。唇の色うすきは、愛情とぼしきか、心臓または胃腸に故障があります。唇にしまりのないのは心にしまりがありません。男の唇は重厚なるをよしとします。上唇は天の愛（精神的愛または人類的愛）をあらわし、下唇は地の愛（肉的愛または家族的愛）をあらわしています。下唇上唇よりも厚きは地の愛が天の愛よりも優っていることをあらわしております。

下唇につづいている下顎および後頸部の発達しているのは地の愛の発達しているのを示しているのであります。地の愛が天の愛に比較してはなはだ多く発達している人は晩年に到るも肉体的愛情がおとろえない人で、多く会社重役たちに見出されるいわゆる重役タイプでありまして、地の愛が旺《さか》んであり、さきの年齢別による晩年運が旺んであるために財運もそれだけあり、自由がきく結果、晩年に浮名《うきな》を流すような人はこういうタイプの人であります。この辺の消息をよく知っておいて良人をお選びになりまして、良人が深切でないとか愛情がないとかいう苦情をアトでお言いにならないようにしなければなりません。家庭調和の道は自己を理解し、相手を理解し、相手に調和するように自分を修養してゆくことであります。

♣眉間《みけん》は相学上、天運流入の関門

観相で申しますと、人間の顔面を宇宙全体を象徴《かたちにあらわ》したものだとし、「天停」すなわち額を「天」とし、鼻を「自己」を象徴《かたちにあらわ》したものとしますから、眉間というところは、相学の上から大切な部位に当たるということがわかるのであります。すなわち眉間は天地の恵みがわれわれに流れ入ってくる関門だということになります。その関門に堰《いせき》があったり、故障があったりいたしましては、万事運命が順調に運ばないのは当然であります。人相は心より生じ、人相は運命を支配します。人相を直すことによって、運命がすこぶる開拓した人がありますｏそれを実例として皆様の人相も運命も固定したものではないという原理と実例とをお話し申したいと思います。

わたしが母校市岡中学に在学中、その校医をしておられた別所彰善というお医者さんがあるのであります。この方は、大阪医大がまだ大阪医学専門学校といっていた時代に卒業した方でありまして、その時分は医大でありませんから、医学士とは言わずに医学得業士という称号だったのでありますが、そこを卒業したお医者さんでありました。神経質で生徒などを診察する時にも叱り飛ばしたりしていたものであります。いつも、眉と眉との間に八の字を寄せている。その頃はわたしは知りませんでしたが、あとで聞きますと、神経衰弱で、不眠症で、胃腸病で医者のことですからありとあらゆる薬を使い、食養法をやってみられましたが治らないのであります。自分自身の病気すら治すことができないのに他の病気を治しうるような顔をして薬を盛らなければならない、それで自分くらい不幸な悲惨なものはない、そんな詐欺《さぎ》みたいな職業はしたくない、こんな職業は早く廃《や》めて田舎へ引っ込もうと思いますが、体力がないので労働もできない、進退ここに谷《きわ》まっていられたのであります。ところがある日のこと、机に対《むか》って書見をしていられて、ふと横を見られるとそこに鏡が置いてあったのであります。自分の顔を見るともなしに、そこに映っている顔を見た時に、自分の顔が実に陰惨な暗い表情をして、眉と眉との間に深い縦皺がきざまれ、自分の表情からは自分ながら愛想のつきるような、暗い暗い雰囲気が漂うていることを発見したのであります。別所さんはそれを見た時に、みずから自分の表情に愛想がつきた。自分は今まで人と話をしても人から好意をもって対されたことがない。誰も彼も自分に対して不快な顔をして、なんとなしに毛嫌いされ冷遇されていて、誰からも歓迎されないので人生が非常におもしろくなくなって困っておられたのでありますが、今自分の顔を鏡に映して見た時に、みずから意識して鏡に対《むか》った表情ではなくて、知らず識らず習慣的にやっておった表情が、こんなにも嫌な表情だったのに驚いたのであります。「自分の顔はこんなだったのか！　これなら自分でも排斥したい顔だ」と思われたのです。自分でも排斥したいくらいの顔ですから人から見て好感がもてないで排斥され冷遇されたのは当然のことなのだと気がついた。「なるほど、これが悪いんだ、これを直さずんばあるべからず」というので、さっそくこの眉をひそめている習慣を直そうと思い立たれまして、眉を伸ばす工夫を一所懸命お考えになったのであります。しかし、習慣というものはなかなか強力な惰力をもっているもので、いったん習慣がついたものは、よほど努力をしないと直らないものです。別所さんは一所懸命眉を伸ばすように心がけられたけれどもなかなか伸びないで、ともすれば、眉を顰《しか》めている自分を発見するのです。もう何十年もの間陰気臭くこう眉を顰《ひそ》めてきたのですから一朝一夕にはスッカリと眉が伸びてこないのであります。別所さんは鏡を見て自分の表情を研究して眉を伸ばすように何回も練習されるのですけれども、鏡を見て練習している時には眉が伸ばせていても、さてウッカリしてしまうと、眉間がいつの間にか皺《しわ》んでいるのです。そこでしかたがないので絆創《ばんそう》膏《こう》をもって来て、両顳顬《りょうこめかみ》に、眉を両方へ引き分けるように貼りつけたのです。こうしておきますと、もししらずに眉を顰めますと、絆創膏が両方からひっぱるものですから、「ああ、これはいかん」と気がついて意識的に眉を両方へ伸ばすというわけで、嫌でも眉を伸ばすようになられたのであります。そうしておられますとだんだん気持がよくなってきて不眠症が治ってきたのであります。それから胃腸病も治ってしまう。そこで別所さんは自分の体験から一つの健康法を発明されたのであります。

阪神間に花屋敷という所がありますが、別所さんはその後花屋敷に精常会という健康法伝授の会を創設せられまして、この健康法の教授をしておられたのであります。別所さんの健康法と処世法《しょせいほう》との歌があるのですが、その歌はこういうのであります。

自他のため体裁《ていさい》ばらず眉寄せず
　　腹をひろげていつもニコニコ

これが別所さんがみずから体得せられた健康法の極意を要約せられたところの歌なのであります。別所さんはこの歌を五節に分けて、さすがお医者さんだけに、その一つ一つに薬の名前をつけられたのであります。それは次の通りであります。

1 相助丹《そうじょたん》 2 質実散《しつじつさん》 3 展眉膏《てんびこう》 4 寛容錠《かんようじょう》 5 莞爾水《かんじすい》

別所さんはこの五つの薬さえ与えたらもうどんな病気でも治らん事はないというように教えられます。わたしに言わせれば、この五つの薬さえあれば病気どころか運命までも直ると思うのであります。この五つの薬を発見して（当時の貨幣価値で言えば大変高額の）数十円の伝授料でお教えになりますと、その薬がよく効くというので大変繁昌しまして、間もなくは数十万円の資産を擁《よう》する財団にまでなったということであります。

♣幸福の鍵「自他のため」

この歌の最初にある「自他のため」という教えは健康法の極意であるとともに家運隆昌の基《もとい》なのであります。自分を生かすということは大切でありますが、他を生かすという気持にならないで人を突き落としてでも自分だけ生きればよいというような気持では、本当に自分が生きてこないのであります。「自分だけ生きればよい、他はどうでもよい」と思っているような人に対しますと、なんとなくその人に近寄ればその人から奪われるような気がいたします。そうして奪われそうな危険な所へは人が近づいてくれない。その人に近寄れば、いつも侵されやしないかと思って警戒しなければならないのです。そこで人からそういう警戒を持たれるようでは決して自分は栄えることはできないものであります。自分が得になってても人が得になっても、どちらも神の子が得がゆくのだからいいんだという気持になって、人が得すればわたしは喜べるのだというような気持になっていれば、人から好意を持たれて、その人が繁昌するようになってくるのであります。

♣幸福の鍵「体裁ばらず」

それから「体裁ばらず」という質実散《しつじつさん》という薬もたいへん結構なお薬だと思われます。たいていの人は体裁ばるために苦労しているのであります。いい着物を着て体裁ばりたいというためには虚栄心で罪を犯すというような人もあってそれが善くないことだということは誰も知っていますけれども、着物とか装身とか、化粧とかの虚栄ということだけでなしに、心持に体裁ばる心というものがたいへん人間を窮屈に頑固《かたくな》にしてしまうものであります。自分がこんなことをしたら、誰かが何とか思やしないかとこう思いまして、いらぬ所に心の力みを出すのが体裁ばるということでありますが、こうしたら自分の威厳を害しやしないかとか、あの人に教えを受けたけれども、自分は弟子であるとハッキリ言ったら負けになるから、できるだけ先輩の書いたものの言葉尻でも捉えて、先輩を貶《おと》しめたら自分が偉く見えるだろうかというような、そういう外面の虚飾的な気持が生活の中に入って来ますと人間の心があさましいものになり、興奮している時はなんともないが、心静かに反省してみると内心非常に責められて苦しくなってくるのです。人が何ともなしにやるようなことでも、あの人はわたしを軽蔑していやしないかとか、あるいは陥《おとしい》れやしないかとか、ちょっとしたことにも疑心暗鬼が湧いてくる。そして周囲の人々にも常に気を配り過ぎ、警戒しすぎて、常に体裁ばっていなくてはならないから、常に神経を労する。そのような業が蓄積すると、不幸なり、病気なり、災難なりを招くことになるのであります。体裁張ろうとすると、つい聞かれて悪いことは隠さねばならぬ。隠しているとなんとなく水臭くなる。「あの人は何でもわたしに秘密にしている」と言われて互いに誤解をまねき易くなります。ですから、われわれは体裁ばる心を捨てなければ本当に健康にも幸福にもなれないのです。体裁ばる心を捨てて、体裁ばらぬ心にならねばならぬのです。体裁ばらぬ心というのは、言い換えると素直な心、ありのままの心、そのまま放り出す心です。悪いことがあれば正直に悪うございましたと謝《あやま》れる心です。教えを受けたならば正直に、その人に先生と言える心です。大学の学長になっても小学校時代の先生に「先生」と素直に言えるのはその人が真に偉いからです。「何があんなもの偉いか、俺の方が偉いぞ」と頑張る心にはまだ本当の偉さがない、負けるような気がするから、心が焦《あせ》って「俺の方が偉いぞ」と言わなければならないのです。「実るほど頭《こうべ》のさがる稲穂かな」という句がありますが、謝ったらきまりが悪いとか思う心は、まだ、そう実っていない青二才の体裁ばる心であります。心に思ったことは素直にすらすらと出すのがよろしい。口にも出し、行ないにも出す。そして悪いと言われればまた素直に謝罪《あやま》ればよいのです。そのまま無邪気に体裁張らずに生活が心のままに、すらすらと、そのままに動き出してくるのが心に滞りのない生活であります。

♣展眉膏《てんびこう》の効力

それから大切なのは今申しました「眉寄せず」ということであります。これは絶えず晴れやかに眉を伸ばしていることです。展眉膏を貼りまして、形の絆創膏でなくともよろしいから心に常に展眉膏を貼りまして常に心を明朗にして眉を拡げている人には幸福が来るわけです。眉と眉との間は観相学の方では印堂《いんどう》と名づけまして、現在の運命を現わすところとされています。ここがのびやかに艶々《つやつや》としている人は必ずいい運命が出てくるということになるのであります。人相観の前に行くと、まずどこを見るかというと、まず眉間を見るのであります。そして眉間に皺がよってるような人なら、「これは駄目だ、あんたの運勢は悪い」と言うのであります。すべて眉根《まゆね》に皺をよせることはみずから運勢をわざわざ悪くするようなことになるのであります。そこがつやつやして鏡のごとく輝いているような人は頭脳も明晰に運命もいいのであります。その人の運命が突如として好転する時が近づいて来ますと、印堂（眉間）の色が非常に明るく輝いてくるだけではなく、印堂の間が部厚くもり上がってくることもあります。夫婦は同一の運命を分け持つものですから良人の好運が妻の印堂に現われることもあります。こんな人相上から言っても夫婦は決して別々のものではないのであります。眉間が狭くして両方から逼《せま》っているような人は短気であります。相学上の「上停」すなわち額の部分は、この顔全体を宇宙としますと、「天」を現わし、鼻が中心であり「人」を表象するものです。そうして天の恵み、神様の恵み、親の恵みというようなものが「人」すなわち「我」を表象する鼻のところへ流れ入ってくる関門がこの眉間なのであります。いくら額が広く、天分が豊かであり、先祖譲りの家産が豊かでありましょうと、それの流入する関門が逼《せま》っておりますと、それが堰《いせき》となって神の豊かなる恵みや天分を生かすことができないのであります。短気な人は眉間が迫っている――眉間が迫っている人は運が悪い。これは短気だとよき運命が近接《ちかづ》いて来ても逃がすものであることを現わしております。ですから眉の険しく逼《せま》っているという人はなるべく眉間を展《ひろ》げておるようにしていますと、表情（コトバ）は人生に先立つのでだんだんこの気持が柔らかになってきますし、運命も自然と展《ひら》いてくるということになるのであります。

♣寛容の美徳

短気が人の運命を悪くするということを申しましたが、短気の反対は寛容ということであります。そこで別所さんは寛容《かんよう》錠《じょう》という薬を発見されました。歌の中には「腹をひろげて」とあるところであります。腹を拡げて常に腹を伸ばすように心がけていると自然に心が広やかになってき、運命も広々とし短気もなくなります。心配したときには腹が縮まります。主婦之友社社長の石川武美氏は同社員たりし大浦孝秋氏の談によりますと、『主婦之友』創業間もなく、肺病に罹《かか》って十二貫に満たぬ体重であったが、今まで習慣的になっていたところの腹が搾《すぼ》んで前屈《まえかが》みになる習慣を意識的努力によって改め、腹を拡げて腰を屈《ま》げないで仕事に対《むか》う習慣をつけるとともに、やがて立派な堂々たる体格におなりになったのだそうであります。それとともに社業も発展して今日の隆昌の基礎を造られたのです。あまり腹立てない動物はやはりお腹《なか》が大きいのです。腹の大きい牛でも馬でも羊でもあまり腹立てない動物で、人間が擲《なぐ》っても、あまり腹を立てないで素直そのもののように仕事をしているのであります。そういうように腹を拡げていると、動物でも精神が穏かになるのであります。ところがライオンとか虎とか豹《ひょう》とかいうような動物はお腹が細い、その代わり敏捷《びんしょう》に活動いたしますし速力も迅《はや》く走りますけれども、短気ですぐに噛《か》みつく性質をもっております。人間は牛や馬ではないとともに虎や豹ではありませんから腹がデブデブ太いばかりで、腹立てるべき時にも腹を立てえないようなのは「腹を立てないこと」に執《とら》われているのでで感心しませんけれども、腹を立てても、すぐまた心がそれに執《とら》えられないで「いつわたしは腹を立てた？」というようなスガスガしい心ができなければなりません。急所で腹を立てて、一喝《かつ》した後は明朗そのものになる修行が肝腎であります。神想観の時に、「神の生命《いのち》流れ入り、自分の腹の中に充ち満つる」と、こう心に念じて、その腹に軽く力を入れて充ち満たされている心持になるのは、この「腹を展《ひろ》げる」修行であります。神様の生命われに流れ入り、神の寛容の精神に充ち満たされて、自分はすべてのものを赦《ゆる》し、すべてのものに感謝すると念じて精神統一する神想観は運命を好転する上にまことによい修行であります。この寛容の精神、雅量《がりょう》の精神、寛大の精神というものは非常に大切なものでありまして、家庭においてもこの心がない時には、家庭の中が地獄になってしまうのであります。小さな家庭ぐらい治めるにはさほど寛容でなくてもよろしいかもしれぬけれども、それが大きな団体生活になりますと、そこはすべて個性の異ったいろいろの人たちが集まって一つの目的に一致する仕事をするのですから、寛容の精神というものがなかったら人を統率してゆくことができないのであります。寛容の精神とは、別の言葉でいえば「天地一切のものと和解せよ」という心です。すべてのものの美点を生かしてやる心です。すべてのものを自分の大腹中に収《おさ》めいれて生かしてやる心であります。悪いことがあってもそれを見逃すのでも瞞《だま》されるのでもないけれども、その悪いことの背後にもなお善いものがあることを知って、その善いことを引き出すようにしてやるというのが、寛容の精神であります。寛容の精神があるものは眉間が開いてまいります。鋭いナイフのような鼻の肉付なども豊かになってまいります。なんとなくその人に会えば親しみやすいような感じに打たれるようになってまいります。

常に朗らかに微笑せよ

生長の家の幸福法健康法に「鏡を見て笑え」という一章がありますが、別所さんも最後に莞爾水《かんじすい》というものを健康法の一項として処方されています。表情をいつもニコニコとして暮らすようにしますと、その人の健康も運命も自然とよくなってくるというのであります。皆様も、あるいは教室生活においても、あるいは家庭生活においても、あるいは社会生活においても、常に「われすでに幸福なり、幸福のほかなし」と莞爾《にっこり》として微笑しておられましたら必ず運命が好転してまいります。子供の健康でも家庭の平和でも、ひいては良人の事業の成功でもいい具合にすべてのことが好転してくるのであります。その証拠にこの別所彰善という人が、そういうふうにして眉を伸ばすことから始めて、莞爾として微笑して、いっさいを寛容する大雅量の精神に転じて自他のためにお尽くしになるようになられますと、自分の胃腸病、不眠症が治っただけではなく貧乏が治りさらに奥さんのヒステリーが治ったのであります。夫婦は互いに一体であり、夫婦互いに相連なって一つでありますから、どちらでも自分の方が先に真理を聞かされたならば、先に聞かされた方がその真理を実行して、その実際生活の光で照らしたら、光におる人は必ずその光に浴して明るくなるにちがいないのであります。美人を傾城傾国《けいせいけいこく》と申しますが、美人でなくとも、美人であっても、一家を傾けるも、一家を興《おこ》すも、その家の奥様の一顰《びん》、一笑《しょう》にかかっているということは知っておかねばならぬことであります。

♣表現は人生に先行する

米国の大心理学者で哲学者であったウィリアム・ジェイムズ教授は「悲しいと泣き、嬉しいと笑うのも事実であるけれども、その逆も本当である。笑えば楽しくなり、泣けば悲しくなる」という説を発表しました。それが嘘だと思ったら皆様ひとつ泣くような表情をして泣き声を出してごらんなさい。なんとなしに悲しくなってくるのであります。その反対に、愉快そうに笑う表情をするとなんとなく陽気な楽しい気持になってくるのであります。これは表情はコトバであるからです。コトバとは表情すなわち心が形にあらわれたもののことであります。オスカー・ワイルドは「表現は人生に先立つ、人生は表現を模倣する」と言って表現至上主義、芸術至上主義を唱えましたが、生長の家も表現至上主義なのであります。どんな悪いことが来ても「よいことが来るぞ」と常に言っておれば必ずよいことが人生に実際にやってくるのであります。甘えたり、同情してほしかったりするために、不幸の表情をしてみたり、不幸でもないのに不幸らしい言葉や表情をしていると、人生がその表現を模倣して人生が不幸になり、別所さんは人間がちょっとした眉だけの癖でさえもこんなに人間を左右して、神経衰弱を治したり、あるいは胃腸病を治したりするところの力があるんだという事実の体験から人間にはどこかにいろいろの癖があるにちがいない、その癖を捜《さが》して直すようにしたならばきっといい結果を得るであろうと、みずから省みて自分の癖を探すようにせられたのであります。別所さんは、今まで奥さんがヒステリーで夫婦仲が悪かったのでありますが、自分を反省してみているうちに、その仲の悪い原因を発見したのであります。それは自分の語調の癖から来ているということであります。生長の家では言葉というものを非常に大切に申しますが、言葉というものは用語の選択も大切でありますが、用語の選択のほかに語調というものが大切であります。別所さんは自分の語調の中に語尾を精確に発音しないあいまいな癖があることを発見されたのであります。よくそういう発音の人があります。先日わたしの宅へ一人の女中さんが来ましたが、その人は「あります」と言うのに「アリマ」だけ言って語尾が消えます。「あります」だか「ありません」だかわかりません。もう一度聞きただしても「何々でアリマ」と申します。やっぱり「あります」だか「ありません」だかわかりません。別所さんの語尾もそんな調子だったのだろうと思いますが、そんな言葉でモノを言われると、意味が不明なのでジレてきて反問します。すると、そういう反問の言葉の語調というものは、どちらかというと相手を咎《とが》めるようなイライラした語調が出るものなのです。そうすると、「なんじゃ、わたしはあたりまえにお前に物を言っているのに変な咎めるような返事しやがって」と自分の語尾不明のことは気がつかないで棚に上げて、かッと腹が立ってくるのであります。別所さんは偉い人です。みずから顧みて夫婦不調和の原因が、自分が語尾を明瞭に発音しなかったというところにあることを発見してそれを直すように努められたのであります。言葉を言うのに澄んだ韻《ひび》きをもって相手を包むような温めるような玲瓏珠《れいろうたま》を転がすような声を出す人は邪念の無い人であります。澄んでいても、声に幅がなく細く耳を貫くような人は心狭くして和協の心なき人であります。ともかく、別所さんは自分の語調を柔らかくし語尾をハッキリ発音するようにまずみずから努められるとともに、その奥さんの語調を観察しておりますと、その奥さんがまた玲瓏珠を転がすごとくならよろしいのですが、真鍮《しんちゆう》の鐘を擲《なぐ》っているようなキンキン声なのです。良人の声は語尾が不明瞭で何を命じたかわけがわからない。それで妻はジレてきて金属製の声で反問するという順序で、常に仲の悪いのはあたりまえなのです。それで別所さんは「わたしも悪かった。こういう語尾不明瞭の声を出すわたしが悪かったから、わたしも気をつけるからお前もそういう金属性の声を出さないようにもっと柔らかい言葉で話をしてくれないか」というように持ちかけられまして、両方から語調というものを非常に注意して物を言うようになされたのであります。そうするとたちまち家庭が平和になり、夫婦が相和すると、あらゆる運命が好転してきたのでありまして、夫婦が仲が悪く喧嘩するというようなことでは、職業が繁昌せず、運命が好転いたしません。これは「類は類を招ぶ」という心の法則で、悪い心の波を起こしておったら悪い波長がやって来てそれが実現するということになるのであります。ですから家運をよくするためには、第一に、家庭の仲を良くするということが肝腎なのです。「悪い奥様をもてば十年の不作だ」という言葉がありますが、夫婦仲が悪ければ十年どころか一生の不作であります。その夫婦の仲をよくする極意が眉を伸ばすことと、言葉を柔らかくハッキリと発音し善き言葉のみを出すことであります。そこで、皆さんは奥さんにお話しなさる時にも、あるいは良人に対してお話しなさる時にも、あるいは子供にお話しなさる時にも、常に柔らかな気持で相手に対するということが必要であります。むろん腹立てていながら柔らかい言葉でごまかしたところが駄目ですけれども、腹も何も立てていないのに、優しい心を持っておりながら、習慣のためにキンキン声で相手を咎《とが》めるような語調で話をするために仲が良いはずの家庭が仲良くなれないのはすこぶる遺憾であります。発音不明瞭な言葉で対話する父母の間に育った子供は、往々自分も言葉不明断に陥り知能の発達が遅れることがあるから注意せねばなりません。

それから、人にものを言いかける時に、ぶっきらぼうに頭から要件をぱっと投げかける人がありますが、あれも非常にいけないことであります。話の相手は誰に言っているのかハッキリわからないので返事もできませんし、突然要件をぶっつけられると仕事に心を集中しているときなどは、返事をする事柄に対して心の準備ができていないので非常に心を激しく打たれることがあるものですから、必ず「誰々さん」と優しく呼びかけてから要件を言うようにしたいものです。それからその「誰々さん」という語調を、できるだけよい事が起こって来た、それを知らせるのですよ——というような柔らかに愉快なことを予想せしめるような語調で言うべきであります。他のことを一所懸命やっている最中に突然何か驚くべきことが起こったような語調で話しかければ非常にわれわれの神経を損《そこな》うものであります。ですから、人に話しかける場合には何かよい出来事を暗示するような語調で、「ネーあなた！」というように相手の心を柔らかくこちらに転ずるような声をかけると、驚かないで柔らかく、仕事の方からこちらの方へ心が転じてくるのです。子供が眠っている時に起こすときでも、いっぺんに急に眠りから醒ましますと、眠りの境涯と、眼が醒めた境涯とが急に変わるから、精神状態の急激な変化から目ざめたときに、頭がくしゃくしゃして気持が悪くなります。

これに反して子供を起こす時でも「さあ、だんだんいい気持に目醒《めざ》めてきますよ。そうれ、よい気持。だんだん眼がハッキリしてきます」というようなぐあいに言って眼を覚まさせるとたいへん気持よく眼がさめてきます。催眠術を覚ますときでも「サアよい気持で目が醒めてきた、目が醒めたら非常にいい気持だ。湯上がりの後のように心神爽快である」というように暗示を与えてから覚醒状態に移らせると目が醒めた後でも非常に気持がいいのでありま す。一つの仕事に精神を集中している良人に呼びかけて心をこちらに転ずる時にもこれと同じ事をやらなくてはいけないのです。突然とちがう世界に引き入れたら境涯の急変のために頭がイライラしてくるのであります。これらは言葉の使い方の一例でありますが、言葉で人間を喜ばせることも、怒らすことも、家庭の仲をよくすることも、家運をよくすることも、悪くすることもできるのでありますから、この点十分気をつけなければなりません。

心と食物と人相と〈完〉

新版《しんぱん》　心《こころ》と食物《しょくもつ》と人相《にんそう》と

平成17年10月20日　新版初版第1刷発行
平成30年8月25日　新版初版第8刷発行

〈検印省略〉

著　者　谷《たに》口《ぐち》雅《まさ》春《はる》

発行者　岸　重人
発行所　株式会社　日本教文社
〒107-8674　東京都港区赤坂9-6-44
電話　03(3401)9111(代表)
03(3401)9114(編集)
FAX　03(3401)9118(編集)
03(3401)9139(営業)
頒布所　一般財団法人　世界聖典普及協会
〒107-8691　東京都港区赤坂9-6-33
電話　03(3403)1501(代表)
振替　00110-7-120549

装幀　清水良洋＋河村誠 (push-up)
本文図版　松下晴美
印刷・東港出版印刷株式会社
製本・牧製本印刷株式会社

ISBN978-4-531-05249-3